道氏理论
股市技术分析的基础

THE DOW THEORY

[美] 罗伯特·雷亚 著　　江海　王荻 译

四川人民出版社

献 给

威廉·彼得·汉密尔顿

原《华尔街日报》主编,他对股票价格运动的报刊评论帮助他的众多读者成为成功交易者。

目录

001 序
001 前言

001 第一章 理论的演进

014 第二章 汉密尔顿解释的道氏理论

025 第三章 市场操纵

029 第四章 平均价格指数反映一切

040 第五章 道氏理论并非万能的

050 第六章 道氏的三种运动

054 第七章 主要运动

057　第八章　熊　市

067　第九章　牛　市

079　第十章　次级反应运动

110　第十一章　日间波动

112　第十二章　两种平均指数必须相互确认

123　第十三章　确定趋势

128　第十四章　线态窄幅区间盘整

141　第十五章　成交量与价格运动的关系

151　第十六章　双顶和双底

156　第十七章　个　股

159　第十八章　投　机

170　第十九章　股市哲学

序

所谓"道氏理论"（the Dow Theory）实际上是已故查尔斯·H.道和威廉·彼得·汉密尔顿两者对市场认识的智慧结晶。

道氏是道琼斯公司的创始人之一，他除了在全国范围内提供金融新闻服务外，还出版了《华尔街日报》，他是该刊的首位编辑。

汉密尔顿为《华尔街日报》的编辑工作做出了长达20年的卓越贡献，一直到他于1929年去世。

作为一名记者，汉密尔顿早年与道氏有着密切的联系。

很难意识到，30年前道氏就提出了一个全新的想法，他表明，在任何时候，单只股票波动的背后都存在着市场整体趋势。但是在彼时，那些对此类问题思考过的人却一致认为，股票价格的波动是个股行为，和整体市场无关，而且完全取决于个股公司的情况和那些针对该个股的投资者们的态度。

汉密尔顿发展了他所认为的道氏理论的含义。对汉密尔顿来说，股票市场是经济的晴雨表，这个晴雨表也经常预测自己未来可能的趋势。他在阅读这个晴雨表方面锻炼出了非凡的技巧，他时常在《华尔街日报》上以"价格运动"为主题的评论文章中发表他对股市的见解。

道氏仅在1900年到1902年期间发表过他的市场理论，他将论述写在了日报的评论中。

1922年汉密尔顿出版了《股市晴雨表》一书。这本书和汉密尔顿发表的众多报刊评论是道氏理论的来源素材。

雷亚先生在书中对道氏和汉密尔顿的著作进行了仔细研究（将要分析252份评论文章），本书在诠释道氏理论上具有极高的价值，并为个人投资者或投机者提供了有效的帮助。

休·班克罗夫特[①]
1932年5月21日于波士顿

---

① 班克罗夫特家族曾是道琼斯公司和《华尔街日报》的所有者。

前　言

我坚信道氏理论是预测股市走势的唯一合理和确定的方法。怀揣这样的信念，我写出了这本关于道氏理论的书籍。

像我这个一直卧床多年的人，拥有别人难得的机会能进行学习和私人研究。如果我没有利用这种特权，没有认识到这是对我不能像其他幸运者那样能享受生活乐趣的补偿，那么我很容易失去对生活的兴趣。

十几年来，我都是在床上完成我的商业事务。我唯一的消遣方式是研究商业和经济——特别是商业活动和股票市场的趋势。无论是因为道氏理论还是单纯的运气，我在1921年的恰当时候买入了几只股票，而在1929年市场猛烈上涨的最后阶段全部都抛掉。此外，无论是道氏理论还是运气，我都在股市崩盘后的两年内，又少量地买入了一些股票。这样一来，我的研究给我带来了回报。如果我在实践道氏理论的同时对它进行解释，这样应该能对别人有所帮助，至少我希望能这样。

为了便于本人及我的一群朋友，还有所有认真的市场研究者参考，我负责制作了道琼斯每日股票平均指数的一组图册，同时图中也显示了每日股票成交量。如果出版数量较少会使生产成本过高，因此当时这份图册印刷的数量较大，但是图册很快就有了令人满意的销量。册子的前言有对道氏理论的论述。《华尔街日报》已故编辑威廉·彼得·汉密尔顿在文中所写的评论，带来了意想不到的副产品——人们寄来了超过500封的信件进行询问。

因此，这本书也可以作为给这些读者们的回信，使之能受益于我对道氏理论的研究结果。现在，他们中有许多人已经成为我的朋友了。

毫无疑问，批评者们会发现本文中在主题的措辞和语言安排上存在许多缺陷。许多人可能会不同意所得出的结论和定义，但那些怀有同情心并能包涵作者不足之处的人们，阅读完这本书后也许会发现对他们的市场交易有帮助的东西。因此这本书是为他们而编写的。

我谨在此表达我对休·班克罗夫特先生的谢意，感谢他能为本书撰写序言并准许我在书中使用道琼斯每日股票平均指数以及他所主导的那些优秀金融刊物——《华尔街日报》和《巴伦周刊》中的素材。

罗伯特·雷亚

科罗拉多州斯普林斯市

1932年3月10日

第一章
理论的演进

查尔斯·H.道，是美国最优秀的金融资讯公司——道琼斯公司的创始人，也是《华尔街日报》的所有者之一。直到他1902年去世以前，他一直是该报的主编。在其生命的最后几年里，道氏写了一些关于股票投机行为的评论，这是我们仅能发现的记录道氏个人对股票市场周期性特征研究的资料。这些研究是根据道琼斯平均指数包括铁路和工业股每日平均价格指数的变动而得出的。①

道氏并没有将他对股票市场的研究命名为"道氏理论"，

---

① 道琼斯公用事业平均指数从1929年末开始发布，然后才追溯到1929年初。

而是由他的朋友——尼尔森在其1902年所著的《股票投机入门》一书中首次提出。该书第一次尝试对道氏理论进行阐述并进行实践应用。

今天，许多成功人士认为，道琼斯铁路和工业平均指数的每日走势是对市场价格和商业活动趋势最可靠的参考指标。人们通常把从平均股票价格指数的变动中推演出市场趋势的方法称为"道氏理论"。

1897年之前，道琼斯公司还只有一种股票平均价格指数，但从1897年初开始，该公司就开始发布股票板块的平均价格指数：铁路和工业两种股票平均价格指数。当时，道氏手上最多只有两种股票平均价格指数共5年的记录资料，但是他却利用这么短时间内的两种股票价格数据，创建出了非常实用的股票价格运动理论的基础，这确实是非常了不起的。虽然后来证实道氏当时提出的一些结论是错误的，但是其基本原理的正确性，经受住了道氏去世后长达28年的股票市场的考验。

威廉·彼得·汉密尔顿曾是道氏的下属员工，他延续了对道氏理论的研究和阐述，并时常在报纸上发表一些对股票市场的预测文章。总的来说，汉密尔顿对股票市场的观察和预测都被证明是准确的，因此他的文章很快就成了《华尔街日报》最受欢迎的评论之一，并且一直持续到1929年12月汉密尔顿去世。

1922年，汉密尔顿撰写并出版了《股市晴雨表》①一书，由于没有了报刊的篇幅局限，在该书中，汉密尔顿对道氏理论进行了更为详细的阐述。这本书取得了真正成功，但是该书现在已经绝版了。此书在当时掀起了暴风骤雨般的争论，引起的巨大反响至今时常还能在金融栏目中看到。造成争议的最主要原因之一在于，那些声称采用统计实验的研究就能预测股市趋势的人们，普遍不愿意承认道氏理论的实用性。这些批评者们通常完全不了解道氏理论基本原理包含的宝贵价值和实用性。

从1902年起，汽车的发展历程和道氏理论的演进有某种相似性。对于汽车行业来说，1902年后，工程师们提高了汽车的发动机功率，给汽车安装了可拆卸的车轮轮毂以及电灯，配备了自动点火装置并进行了其他必要的改进，从而使汽车

---

① 英国的经济学家率先对《股市晴雨表》一书的价值予以充分肯定，他们认为《股市晴雨表》对股票市场投资领域做出了宝贵贡献。也许因为如此，汉密尔顿在1923年被选为英国皇家统计协会会员。

最终成为人们可靠和便利的运输工具。与此类似，在1902年至1929年之间，汉密尔顿对道氏理论进行了检验和改进。由于有了平均价格指数变化的长期记录，汉密尔顿为我们提供了一种明确并具有超常可靠性的方法，可以用来预测股票价格趋势和经济活动趋势。

从过去的商业记录中搜集大量数据，然后计算出一类指数，并利用它可靠地预测商业活动发展的趋势，这本身并不是一项多么伟大的工作。所有类似方法都存在一个问题，它们出于需要都要与过去打交道，在很大程度上必须要以"历史会不断重复"这一假设为基础。因此，这样的指数，其价值若要被人们所接受，必须和实际市场发展的真实结果进行长期的对比验证。而道氏理论经受住了这样的考验。

道氏理论提供了一种可以自我调整的预测方法，其有效性已经被长达30多年的时间所证明。证据在于，汉密尔顿多年来成功地实践了道氏理论，而且他对股市的准确预测使他刊登在《华尔街日报》上的评论文章无懈可击。遗憾的是，汉密尔顿十分谦逊，并没有为了去证明他在应用道氏理论方面的完美性，而把他发表在报刊上的那些出色运用道氏理论进行精辟分析的条理清晰的文章汇集成册出版。

本书试图将道氏理论的内容简化成手册的形式，以期对希望利用道氏理论进行投资的人有所帮助。相对来说，作者自己的原创思想和言论只占全书很小的篇幅。汉密尔顿所写的所有围绕平均价格指数的相关评论文章均被收录在册并进行了仔细研究。而且，书中尽量引述汉密尔顿的原话。所以，最好把这本书看成是对汉密尔顿相关言论进行分类整理的书籍，方便大家研究学习平均价格指数理论。除非有特别注明，书中引用的语句全部出自汉密尔顿刊登在《华尔街日报》和《巴伦周刊》上的评论文章。如果有读者对本书作者关于汉密尔顿论断的解释有疑问，就可以阅读一下原始文章并从中得出自己的结论。

仔细研究汉密尔顿的每一篇文章，可以使您熟练掌握如何利用道氏理论对股票平均指数进行预测。但是在做这项研究之前，您应该获取道琼斯平均指数的表格数据。① 此外，将铁路和工业价格平均指数的每日走势图准确地描绘出来对于研究是很有必要的，如果同时在图上标出相应的每日交易量，会更加有用。汉密尔顿反复利用市场的活动表现总结证据并

---

① 道琼斯股票平均指数和巴伦股票平均指数，巴伦书局，波士顿。

得出结论。顺带补充说一下，对研究者来说，绘制自己的图表时，随着图表不断延伸，这是一个研究价格运动的很好的机会。

如果您希望从汉密尔顿的文章中获得最大益处，应该首先仔细阅读所有文章的合辑，它将揭示一个事实：在前面的 10 年里汉密尔顿的论断并没有如他在后期工作中所表述的那么清晰。他总是简明扼要地陈述自己的论断，也许在他早年有太多这样的情况出现。在随后的几年里，他显然意识到道氏理论的学习者们需要更详细的解释。无论如何，在作为编辑的最后十几年里，他把自己的论断解释得更加充分和清楚。因此，学习者们可能会发现，最好练习预测 1910 年及以后的市场，如果学习者们还有这方面的想法，可以再学习研究汉密尔顿早期的材料。当学习者掌握了道氏理论中可操作的知识技能时，他可以在市场中做一个更详细的学习研究并可以转化为投资利润。

多年前，如果我们遇到一个算术问题，在确定了答案之后，我们可以通过在书的末尾处查找答案来验证我们计算的正确性。在学习掌握平均指数的含义时，采用这种方法也是可行的。建议在学习开始时，从汉密尔顿的预测文章中选择一个日期，找到图表上的相应日期，把当天的数据以及该日期之后的数据盖住，这样图表中暴露出的部分将代表汉密尔顿在预测当天可能会收到的图表。然后对该图表进行研究和预测，并将预测的理由一并记录下来。之后可以与汉密尔顿的评论相对比，两种预测的有效性立竿见影。

随着时间的推移，道氏理论的作用与日俱增。道氏只拥有几年的股市数据记录，而我们有长达35年的数据资料，这无疑可以让我们进行更加深入的研究；从现在起再过20年，那时候人们拥有了更多的数据，因此对股市的研究会比我们现在具有更大的优势。道氏本人总是避免对股市预测做出确定性的判断，他的谨慎多半是源自他对自己理论的正确性无法用太多的证据来证明。随着时间的推移，汉密尔顿利用道氏理论预测股市的准确性一直在不断提高。尽管在1926年汉密尔顿的预测出现了一次严重错误，关于这点我们在后面会加以解释，不过，这一错误实际上真正完善了应用道氏理论时的一般性原则，也证明了道氏理论不是完美无瑕的。这项事实也是汉密尔顿在对股票市场进行牛市判断时经常会强调的观点。

道氏理论的基础原理很简单，全部来自实践经验，全部是基于道氏对他自己所创造的道琼斯股票平均价格指数进行研究的结果所得。在1900年至1902年，道氏满足于在《华尔街日报》上发表的以"股市投机"为主题的一系列股市观察评论文章，而从未试图对自己的思想进行理论化的定义。此后，汉密尔顿以道氏的文章为基础，将道氏的思想在实际市场中进行实践，对股票市场的价格运动进行预测。过了几年，汉密尔顿在报纸上的评论文章迅速成为人们预计未来股市走势的可靠指南，同时也帮助众多读者逐渐理解依据道氏理论分析得出的股票平均价格指数的内涵。

一方面，道氏撰写的股市评论文章数量远没有汉密尔顿多；另一方面，道氏也从未利用自己的研究对股市进行过明确的预测判断，然而汉密尔顿却有勇气做这方面的尝试，因此，本书不准备研究道氏的文章。可是，我们应该永远铭记，汉密尔顿在实践中所应用的理论基础都是由这位前辈所创建的，事实上，汉密尔顿也从来没有让他的读者们忘记这一点。类似的语句经常会出现在汉密尔顿对市场进行预测的文章开头："根据已故的查尔斯·H.道创立的著名方法，利用道琼斯股票平均价格指数对股票市场的运动进行解读……"

我们还应该记住，《华尔街日报》从未降低格调而沦落到成为提供内幕消息的低档次刊物。我们也应该记住,汉密尔顿除了是一位专业的投资顾问,更是一位伟大的报业编辑。要知道,当汉密尔顿清楚地从股票平均指数中看出对股市未来趋势的明显指示时,他并不是每次都试图写出预测性文章。另外,汉密尔顿活跃的头脑经常会关注到其他时事,因此不管从时间上还是个人喜好上,汉密尔顿都不能一直盯着股票平均价格指数的运动变化。还有,我们也肯定知道,汉密尔顿非常厌恶那些无耻的咨询服务机构利用他的股市预测评论观点,因此他会长时间拒绝从价格运动中判断未来市场的趋势。

尽管汉密尔顿意识到道氏理论有明显的局限性,但是为了让学习者充分地理解汉密尔顿是如何完全相信股票平均价格指数是有效的市场预测工具,下文汇集和引用了汉密尔顿超过25年间所写的评论文章节选:

研究股票平均价格指数的理论基础是"道氏理论",该理论是由已故的查尔斯·H.道提出的,他也是这份报纸的创始人。已出版的关于道氏理论的书籍现在几乎已经绝版,但是,大致说来道氏理论是这样的意思:在任何股票交易市场中，都会同时存在着作用、反作用和相互作用这三种明确的价格运动。首先是从表面上看到的股市日间价格波动，其次是比较短暂的价格运动，像在牛市中的回调和熊市中超卖后的强烈反弹，最后也是主要的价格运动，它能通过数月的价格运动决定股票市场的趋势，也可以说是股市真正的主要运动。

学习者内心要铭记一些假设前提，在对股票平均价格指数进行分析时，道氏理论中带有普遍性的结论对理解股市的日间波动是无用的，对于分析处于第二层面的短期运动也是不可靠的。但是，它对解析市场的主要运动可能是有帮助的，而且对整体经济来讲具有真正晴雨表的价值。事实上可以这样说，由于牢记上面所说的前提条件，研究者们对股市价格运动的判断及其相应出版的专栏文章，尤其是在第一次世界大战前的一些文章，其正确的时候远远多于错误的时候。而对于那些错误而言，多半是因为脱离了道氏理论正确的、科学的法则。（1919年8月8日）

一位热心的读者问，用研究工业和铁路板块股票平均价格指数历史运动的方法，来估计股票市场的趋势，这不是一种经验主义的方法吗？这当然是以经验为主的方法，可是又不完全是，而且这种方法也绝不是江湖骗术。从大量的记录实例中得出的任何一项结论，都会受到相同的质疑。判断的关键是要看这种指示方法的科学准确性。

（道氏理论）承认其有很大的人为性和明显的局限性，但是，尽管如此，它也可以很诚实地宣布，在预测的精准度上，市场上还没有记录表明存在其他方法可与之媲美。（《股市晴雨表》）

一些研究道氏理论的人，要求学习道氏理论的三种市场运动前要先具有一定程度的数学功底或是保证绘图上的精确性，但是这些条件是道氏理论所不具有也不需要的。（1922年10月18日）

当然，他们能够发现有很多价格运动是晴雨表所不能预测的，尤其是预测第二层级的短期运动。但这又怎么样呢？人类不可能造出完全达到他们要求的精确度的工具设备。因此，处在现阶段的人类精神发展状态水平上，我们相信我们当中没有人会达到这样的确定性。实现世界毁灭的一种方法是：一些完全出于善意的利他主义者将从造物主手中夺走对地球的管理。

股票市场晴雨表并不是完美无缺的，更确切地说，对于这门尚未成熟的解读市场的科学，还远远没有达到完美的程度。

气象局发布的气象数据具有相当高的价值，可是它们却从未试图预测出一个干旱的夏季或是一个温暖的冬季。你和我从个人的经验中都知道，纽约的天气一月份会冷，七月份会热。

支配股票市场运动的规律，在伦敦股票交易所、巴黎证券交易所，甚至柏林证券交易所都会同样有效。但是，更进一步讲，即使这些股票交易所和我们的交易所都被彻底清除不存在了，支配该规律运行背后的基本原理也还是正确的。只要巨额资本重新建立起新的自由的证券市场，这些规律又会自动地、必然地再次起作用。据我所知，伦敦的金融出版物还没有发布一个与道琼斯平均价格指数相对应的指数。但是，如果相类似的数据存在的话，利用它对伦敦股票市场预测的准确度和在纽约股票市场预测的准确度一致。

道氏理论几乎不涉及循环或者系统的观念，富有趣味性和理由充分的推理，以及流行的理论。道氏理论只吸收利用有用途的因素，以及其他可能收集到的信息资料。股票市场的运动反映出了全部可获得的真正知识。

……作为一个有效的假说，道氏理论这种注重实效的原则，存在于人类的本性之中。追求成功会促使人们肆意行为，而行为的后果却是萎靡不振。在经历了真正的金融大恐慌的黑暗时期之后，工人们会庆幸有工作所得，同时，还会用微薄的工资进行缓慢地储蓄；而资本家也会满足于较低的利润率和快速的资金回报。

在美国参议院，已故的参议员斯本纳在阅读《华尔街日报》的一篇评论文章时说："倾听市场冷酷无情的裁决吧！"他曾见过裁决中无情的准确性。因为裁决是，也必须是以全部证据为基础的，即使这些证据是由无意识的和不情愿的证人所提供。（《股市晴雨表》）

第二章
汉密尔顿解释的道氏理论

对股票交易者来讲，了解道琼斯平均股票价格指数的历史运动表现就像船长记录潮汐一样都是必需的，可是面对超过35年的平均价格指数我们很难研究，除非将它简化成一幅走势图，这样就会便利许多。再换一种稍微形象点的说法，平均价格指数的日均走势图对于股市交易者的用途，就像海员手中的航海图一样。但是，海员还会发现，晴雨表是安全领航员必不可少的重要仪器。而现在，查尔斯·H.道和威廉·彼得·汉密尔顿给出了一个能预测股市天气是晴朗、恶劣还是没有变化的晴雨表。这个晴雨表叫作道氏理论。对于交易者而言，能够正确解读道氏理论这个股市晴雨表，就像船长必须了解他的晴雨表一样至关重要。

对希望在道氏理论的帮助下预测股票价格走势和经济趋势的学习者来说，研究所需要的全部资料是道琼斯工业和铁路股票的每日收盘价格的平均指数，以及纽约股票交易所的每日成交量。

在本章中，作者对一些术语进行解释，对道氏理论的内容进行了定义，并相应进行了分类，这种做法对学习者来讲也是很有帮助的。不论道氏还是汉密尔顿，都从来没有对道氏理论的相关内容进行过确切定义，那么现在也许就是该冒昧地替他们做这件事的时候了。作者在完成这项艰巨的任务之前，已经拥有了10多年利用平均价格指数进行股票交易的实际经验，长年研究道氏和汉密尔顿所写的文章，并且与来自全美许多地方的道氏理论研究者们交换了观点和经验，他们中的许多人都是成功的交易者。另外，为了研究平均价格指数的运动，作者还如实地画出了上百张走势图，把汉密尔顿关于价格运动的每一个论断，都对照平均价格指数走势图进行了验证。事实上，本文作者通过10多年的不懈努力精选并整理数据，其目的是为了阐明道氏理论，这里的道氏理论已不是道氏1902年去世时留给世人的理论，而是经过汉密尔顿的应用和提炼所发展的道氏理论。

在任何人为定义的理论中都会存在例外，因此对于学习者来说，最好的方法就是研究平均价格指数的走势图，并且找出例外的地方标注出来，找出自己因为过分自信地认为道氏理论是绝对可靠的而被误导做出错误市场操作的时刻。这样经过适当时期的学习，学习者就会培养出对平均价格指数的理解能力。这种能力对于交易者而言意味着资金上的收益，当然有时依然会有错误发生，因为理解平均价格指数是一门实践的科学。这点和外科医学有些类似，一个优秀的外科医生有时也会做出错误的诊断结论。

也许在应用道氏理论进行股票投机时的最大危险在于：初学者有时会因为初始的运气而得出几次正确的结论，于是他就认为自己已经发现了击败股市的确切方法，结果错误地解读了市场信号。或者更糟的是他在错误的时候碰巧蒙对了。任何这些情况发生的时候，道氏理论总会遭到指责，实际上这些都是由于交易者缺乏耐心所导致的。

道氏理论的每一部分和相关术语，都会在后续的章节中进行详细的讨论。如果有些内容令人费解，读者们应该明白，道氏理论就像代数一样，如果您只是按照读教科书一样肤浅地阅读是不会理解的。

要想成功地利用道氏理论进行股市投机和预测，必须毫无保留地接受如下一些假设：

▷ 市场操纵

市场操纵对于平均价格指数的日间波动是可能的，市场操纵的影响对于第二层次的反应运动就比较有限了，但是股市的主要趋势是绝不会被操纵的。

▷ 股市平均价格指数反映一切

道琼斯铁路和工业股票每日收盘价格的平均指数，是综合性指数，它包含了所有对金融有一点了解的人的全部希望、失望和知识信息。正因为如此，即将发生的所有事件的影响（不包括天灾人祸），都会体现在平均价格指数的运动中。平均价格指数会迅速地评估这些事件，就像对火灾和地震等灾难进行评估一样快速。

▷ 道氏理论并非万能的

道氏理论并不是击败市场的绝对可靠的系统。要有效利用道氏理论并成功地对投资有所帮助,需要人们严肃认真地学习研究以及不偏不倚地公正收集证据,决不能把愿望强加在思考之中。

上面提到的这些基本要素是道氏理论建立的基础,如果不被当作定理那样接受的话,那么在进一步的学习中,即使没有误入歧途,也会感到困惑不解。

从道氏理论中提炼出明确的定理是一项艰巨的任务,可是这项工作在1925年完成了。接下来的后续研究以及这些定理在实际交易中的应用,证明了这些定理正确有效并且一直持续可用。

▷ 道氏的三种运动

股票的平均价格指数存在三种运动。也许在同一个时间中就会包含这三种运动。其中第一层次也是最重要的运动是主要趋势运动：股市整体向上或是向下的运动，时间上也许会持续几年，这就是众所周知的牛市或熊市。第二层次运动，也是最容易造成迷惑假象的运动，是次一级的反应运动：表现为在主要趋势为牛市的市场中的重要回调下跌运动或者是在主要趋势是熊市的市场中的反弹上升运动。这些反应通常持续3周到数月的时间。处于第三层次的运动，通常也是不重要的运动，就是每日的平均指数波动。

▷ 主要运动

主要运动就是股市整体的基本趋势，也就是众所周知的牛市或熊市，持续的时期从一年不到至长达几年的时间不等。正确地确定主要运动的方向是成功投机的最重要的决定因素。现在还没有公认的方法来预测一个主要趋势的波动程度和持续时间。

▷ 熊 市

熊市的主要趋势是长期的向下运动，并伴随着一些重要的反弹上升运动。熊市产生的原因来自实体经济中各种各样的问题，并且只有当最糟糕的事情都已经被股票价格彻底消化掉了，熊市才会结束。熊市有三个主要阶段：第一阶段，那些在价格上涨之后购买股票的人们所寄托的希望破灭；第二阶段，由于经济下滑和收入的减少而导致人们大量卖出股票；第三阶段，人们无视股票本身的价值，廉价抛售大量优质有价证券，因为这时候大多数人倾向于得到现金，或者一定要把自己的一部分资产变现。

▷ 牛 市

牛市的主要趋势是市场的整体向上运动，会被第二层次的回调运动打断，且持续时间平均长达两年以上。在牛市期间，因为经济大环境的改善和股市投机活动的增加，使得来自投资和投机目的的股票需求量加大，从而促使股票价格不断向上攀升。牛市有三个阶段：第一阶段，人们重新恢复对未来经济的信心；第二阶段，股票价格上升反映了公司盈利的改善与提高；第三阶段，投机猖獗，价格膨胀严重，股票价格的攀升完全是基于人们的希望和预期。

▷ **次级反应运动**

为方便讨论,我们把次级反应运动看作在牛市中的重大下跌运动,或者在熊市中的重要上升运动。次级运动的持续时间通常是3周到数月不等。这种间歇性的次级反应运动的价格回调,普遍的回调幅度占上一个次级反应运动结束后主要价格变化幅度的33%~66%。这些次级反应运动常常让人们错误地以为是主要趋势发生了改变,明显的原因在于,牛市第一阶段的价格运动,与后来被证实只是熊市中的次级反应运动,恰好是相同的。另外,在牛市中,对于前期高点达到之后的回调运动和熊市第一阶段的价格运动,恰好也是相似的。

▷ **日间波动**

仅仅依据一天的平均价格指数运动来进行推论,是没有价值的,而且肯定会得出误导性的结论。只有市场形成了线态窄幅区间盘整形态后,日间波动才有一些判断价值。但是无论如何,一定要记录每日的平均价格指数运动并仔细研究,因为一系列的每日走势图可能会形成易于识别、可以帮助预测市场价值的模式。

▷ 两种平均价格指数必须相互确认

铁路和工业股票的平均价格指数运动一定总是一并考虑,一种平均价格指数必须用另一种指数来确认后才有可能得出可靠的市场结论。如果只是根据其中之一的平均价格指数的表现做出结论,而忽略了另一种平均价格指数的确认,这样的结论几乎肯定会是误导性的错误结论。

▷ 确定趋势

如果价格上升能连续不断地突破前期的高点,而随后的下跌能在前期低点之上结束,这就是牛市的趋势。反之,若上升不能超过前期的高点,而随后的下跌的低点却比前期的低点更低,这就是熊市的趋势。用这样的推理所得出的结论,在评估次级反应运动时很有用,对预测主要趋势也很重要,它可以帮助判断主要趋势形态的重新开始、继续和改变。为了便于讨论，我们把回调或反弹定义为在一天或多日里的反向运动，而且运动幅度超过了平均价格指数的3％。

这种运动只有得到了两个平均价格指数在方向上的相互确认才可信。不过两个平均价格指数的确认，并不要求必须在同一天发生。

▷ 线态窄幅区间盘整

一个线态窄幅区间盘整的形态，一般持续2至3周，或者更长的时间。在此期间内，两种平均价格指数的价格变化仅仅在大约5％的窄幅区间范围内进行。这样的运动表示市场在聚集或者释放。如果两个平均价格指数同时向上突破线态窄幅区间盘整的区间，就表明市场是处在聚集阶段，价格会走得更高；反之，如果同时向下突破线态窄幅区间盘整的区间，就表明市场是在释放，价格肯定会继续下跌。但是如果结论只是从一种平均价格指数的运动得出，却没有得到另一个平均价格指数的确认，所得结论一般是错误的。

▷ 成交量与价格运动的关系

当市场处于超买状态时，就会上升乏力，但是下跌活跃有动力；反之，当市场处于超卖状态时，就会下跌乏力，而上升活跃有动力。牛市会开始于相对较低的成交量，而在一段时期后终结于过度的成交量。

▷ 双顶和双底

双顶和双底在预测价格运动中的价值不大。市场实践证明，假象远比正确的时候多。

▷ 个 股

所有活跃的以及充分发行的美国大公司的股票，一般会与平均价格指数同步地上升和下跌。可是，对于任何一只个股，其市场表现反映的情况可能不适用于构成指数的每只股票。

第三章
市场操纵

市场操纵对于平均价格指数的日间波动是可能有影响的；对于次级反应运动，市场操纵的影响比较有限；但是股市的主要趋势是绝对不会被操纵的。

汉密尔顿曾经频繁地论及股票市场的操纵问题。汉密尔顿认为，市场操纵对于股市的主要趋势来讲是微不足道的。虽然有很多人对此观点持有异议，但是我们不要忘了，汉密尔顿树立其市场观点的背景：他是与华尔街资深交易者私交甚密的人，而且他花费了毕生时间与精力来收集与金融有关的事实。

下面的这些评论，是从汉密尔顿大量的评论文章中随机

选取的片段,从评论内容中可以看出汉密尔顿对待市场操纵的观点始终如一:

> 有限的股票也许会受到一时的操纵,也会造成人们对实际状况完全错误的观点。可是若对构成平均价格指数的全部 20 种活跃股票进行操纵,使指数显示出重大的变化,从而影响人们对市场趋势的推论结果,这却是不可能的。(1908 年 11 月 28 日)

> 任何人都会承认,市场操纵对日间的市场波动会造成影响,对于短期的价格波段运动,操纵的影响就非常有限了,而宏大的市场运动就算是综合全世界的金融利益体也不能操纵。(1909 年 2 月 26 日)

> ……股票市场本身超过了那些"股票操纵者"和"内幕交易者"的力量之和。(1922 年 5 月 8 日)

> 最大的、最具影响力的反对使用市场晴雨表的错误观念之一,就是相信市场操纵可以影响股市运动这一假象,而使市场晴雨表丧失其权威性和指导性。作者做出如此声

明,是基于与华尔街 22 年的真正亲密的关系,在此之前还与伦敦股票交易所、巴黎证券交易所关系密切,而且对 1895 年约翰内斯堡投机猖獗、"集团之间互斗"的金矿股票市场有实际了解,这样应该比任何人都有说服力。但是对于所有这些经历,无论多有价值,回忆中没有一例涉及市场的主要趋势运动事件的推动或是起源是由于市场操纵造成的。当然,如果不能证明所有的牛市和熊市从发展到结束的历程都是由总的经济状况造成的,这样的讨论就是徒劳无益的,虽然在市场主要趋势变动的最后阶段,总会有大量的过度投机和套现行为出现。(《股市晴雨表》)

……没有一种力量,即便是美国财政部和美国联邦储备体系的联合力量,也不能操纵 40 种活跃的股票,或是导致股票价格记录产生不可忽视的变化。(1923 年 4 月 27 日)

一般的业余交易者都相信股票市场趋势是受到某种神秘"力量"的作用,这种观念,仅次于缺乏耐心,是造成其亏损的第二大原因。业余交易者渴望读到消息贩子提供的内幕消息,或是不停地浏览报纸寻找他们认为会改变市场趋势的新闻消息。他们似乎没有意识到,那些确实重要的消息,如果与市场的基本趋势有关,等到刊登出来的时候,它们的影响早已被市场反映出来了。

小麦或者棉花价格的短期波动,的确会影响股票价格的日间运动。另外,有时报纸的头版头条,被参与市场的业余者们理解为牛市或熊市的信号,于是疯狂入市买进或卖出,这样就会在短期内影响或"操纵"股市。而职业的投机者则随时准备着"大量建仓",果断买进;而此时,那些可爱的业余人士,却只是小心翼翼地"买"入了一些股票。当这些可爱的业余人士决定增加他们的仓位,买进更多的股票时,职业投机人开始大量抛售,随即市场的次级反应运动结束,市场的主要趋势又重新恢复。如果市场不是处于超买或超卖的环境,只靠报纸头版头条的消息,这些撰写金融报道的记者强烈赞同的这种"技术环境"能否引起股市的诸多反应,实在是令人怀疑。

那些相信市场主要趋势能被操纵的人,只要对这个问题进行几天的研究,毫无疑问会确信这是不可能的。设想一下,在1929年9月1日,纽约股票交易所挂牌交易股票的总市值超过890亿美元。如果想将总市值下压10%,想象一下得需要投入多么巨额的资金呀!

第四章
平均价格指数反映一切

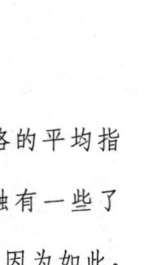

　　道琼斯铁路和工业股票每日收盘价格的平均指数，是综合性指数，它包含了所有对金融有一些了解的人的全部希望、失望和知识信息。正因为如此，即将发生的所有事件的影响（不包括天灾人祸），都会体现在平均价格指数的运动中。平均价格指数会迅速地评估这些事件，就像对火灾和地震等灾难进行评估一样快速。

　　每当一群研究市场的学习者们聚在一起时，几乎总会有人进行这样的争论：股票的价格变化是否反映了那些没有被投机者个人所预测到的事件。当然，对于理解道氏理论的研究者，毫无疑问地"知道"事实就是如此。而这一点是成功应用道氏理论进行交易和投资的基本原理。那些否认这条基本原理的人，最好不要尝试在股市上应用道氏理论。

关于此，无须作者多言，因为对于此问题的看法，道氏和汉密尔顿都在他们长达30多年所写的评论文章中进行了条理分明的论述。

> 股票市场绝对反映了每一个人对国家经济的了解与认知，这一点就是重复讲多少次也不算过分。那些卖给农民机械工具、卡车和肥料的公司，它们对农业情况的了解比农民自己还要清楚。那些满足了严格上市条件的公司，其股票在股票交易所上市，差不多经营着国家生产和消费的一切商品，诸如煤炭、焦炭、铁矿、生铁、钢坯和钟表制造使用的弹簧等，它们所有的信息都绝对会万无一失地反映在证券价格中。所有的银行都明了这些商品的交换和对产品的融资以及市场营销都反映在股票的价格上，并根据投资量的大小进行价格的调整。（1921年10月4日）

……平均价格指数……反映……活跃和沉闷,好消息和坏消息,对农作物的预测和政治上的可能性事件。事实上,这一切信息互相影响的最终结果就是:平均价格指数。正因为如此,平均价格指数才如此值得研究,只有它才能提供用其他方式所无法获得的、针对股市未来价格运动的线索。(1912年5月2日)

肤浅的市场观察者会不断吃惊地发现,股市并没有对突发的重要情况做出响应;似乎事件的刺激对市场而言,其影响太过模糊,以至于难以追溯。无论有意或无意,股市的价格运动是反映未来,而不是反映过去。当将要发生的事件显示预兆时,这种预兆就会映射到纽约股票交易所。(1911年3月27日)

股市晴雨表是公正的,因为构成它的每一笔买卖交易都是偏颇的——来自晴雨表的定论是全体参与买卖股票人们的意愿、冲动和希望平衡后的结果。国家的整体经济必须也是必要地在集会中的所有意见中正确地反映出来。这个集会不是一个不负责任的充满争论的社团,而是像正在聆讯的陪审团,其所有成员在一起寻找所谓的"市场冷酷无私的定论"，这比律师和法官能告诉的东西还要多。
（1926 年 3 月 29 日）

　　市场不是根据众所周知的事情而交易的，而是根据那些能获得最佳信息的人们的预测来进行交易的。股票市场价格的每一个变动，总会在将来得到解释。而人们经常谈到的操纵行为，只是股票市场运动中微不足道的因素。
（1913 年 1 月 20 日）

下面是道氏在 1901 年所写的一篇评论文章中的片段节选：

　　股市不像气球在风中四处飘来飘去。总体而言，股市代表了部分具有远见和消息灵通的人士通过严肃认真而审慎的思考，他们把股票的价格调整到现有的价值或是在不远的将来他们所期待的价值。那些伟大的交易者所思考的，不是一只股票的价格是否会上涨，而是考虑对于他们打算购买的资产的价值，是否能够在 6 个月以后，吸引投资者和投机者以比现在的价位高出 10～20 点的价格来购买股票。（1901 年 7 月 20 日）

每个人对一切事情所知的任何讯息，即便是与金融方面非常间接的消息，都会以信息的形式流入华尔街；而股票市场就是通过其自身的价格波动，反映股市在接收信息之后所导致的价值变化。（1929年5月29日）

有一点再重复多少次也不为过，那就是股票市场在应对出乎意料的事情而进行自身调整时，如次级反应运动，并不是根据当时的现场情况所做出的反应，而是依据市场所有人的智慧对未来的预期。（1922年9月25日）

……投机就是预期经济的发展变化……（《股市晴雨表》）

在1927年的春天，股票市场保持牛市状态已经接近6年，这时出现了这样的评论：

……股市的平均价格指数表明，经济的运行很可能在未来多个月份的时间里，依然会保持其现有体量和特性，其持续时间就像用最有效的交易望远镜所能看到的一样远。（1927年4月23日）

当股市在非常接近1921年低点的底部时，实际已经达到当时最低点的价格，对为什么平均价格指数没有因为当时的不利消息而继续下跌，有如下解释：

当市场被意外事件冲击时，就会产生恐慌，可是，历史记录表明，股市很少受到意外事件的冲击。现在所有的利空因素已经广为人知，其严重性也为人们所接受。可是股市交易不是基于现在大众都知晓的信息，而是基于专家们利用专业知识对未来几个月后所预测情况的汇总。（1921年10月4日）

……最终，股市以往每一次的下跌运动，都能用随后的国家经济发展状况来详细解释清楚。（1926年3月8日）

有一个有意思的经验：股市方向的改变，或者基本趋势被中途打断时，通常总会有其他解释，去补充至少是迎合大众幻想的说法。（1927年8月15日）

华尔街常讲："当消息发布时，与之相关的股市价格运动已经结束了。"那些股票持有者和精明的投机者们,他们进行交易不是基于人所皆知的消息,而是基于他们拥有的独家信息,或者是他们自身对未来的聪明预测。我们常常是在已经经历了股市整体巨大下跌的6个月之后,才会看到随后的经济萎缩;或者同样是对未来的预期,股市在整体攀升的相同时间(6个月)后,工业状况会有所改善,尽管改善的迹象在当时并不显著。(1906年6月29日)

……股票市场投机本身会产生刺激整体经济发展的信心。这实际上是下面意思的另一种表达,即股市是经济的晴雨表,股票市场的变化不是依据即时消息,而是基于商界精英们对前景的综合预期。(1922年5月22日)

一位美国伟大的金融家曾经对汉密尔顿说:"如果我能享有股市运动中所包含的信息量的50%,我就可以十分自信地认为自己远远比华尔街的其他任何人都占有优势。"

当然,万事终有度,树木不会长到天上去。对于股市也是这样,股市可以反映一切信息,但是还是不能反映完全出乎意料的事情。它并不能准确预测到旧金山大地震、北太平洋角的灾难①，以及世界大战是否可以预期的多种观点，但是这些事件在某种程度上，在实际爆发之前就已经在长期的熊市中被反映了。（1927年7月15日）

……可以把华尔街想象成包含人们对经济所了解的一切相关信息的储藏库。这种假设是完全正确的，这就是为什么股票市场的平均价格指数可以反映如此多的内容，比任何个人所知道的都多得多，甚至是全体最富有者的集合也不能操纵。（1927年10月4日）

对于每位学习道氏理论的人，必须要确信平均价格指数能够预测未来发生的事件，以及能对正在发生的事件进行正确的评估。对于想在股票市场一直随波逐流的投机者而言，通晓此理论这部分内容的作用是极其重大的。

一个近期的典型案例可以证明道氏理论这部分内容的实用价值。这个例子就是1931年股市所历经的长期猛烈下挫，

---

① 指1923年日本关东大地震，也可指1927年日本京都大地震。

当年的平均价格指数下跌的百分比是历年来最严重的。那段时期，股票市场一直在反映和评估严重的国际事务问题，尤其是英国抛弃金本位体系、银行倒闭、铁路破产以及由于预计比例庞大的财政赤字明显导致必须提高税收。这次下跌在6月的一次典型的次级反应运动后止步，其影响因素一般般，空头平仓，非理性投资者购买股票，这都是因为大众接受了在胡佛禁令下的政治支持，以及媒体出色的宣传带来的乐观态度。

股市的熊市主要趋势在10月被再次打断。大家公认的造成这次次级运动的原因是纽约股票交易所实施了一项对卖空限制的规则，导致了空头的平仓。与此同时，一个管理优良的投机集团使小麦价格出现了惊人的上扬。全美的新闻报道都为这个单纯的价格投机行为欢呼，把它看成是商品价格在持续下跌中一个期待已久的转折点。结果如同往常一样，大量的鱼儿吞噬了诱饵上钩，而此次正常的次级价格运动也在正常的时间内完成了，然后熊市又重新恢复，不可阻挡地创出了价格新低。实际上，即使前期的小麦价格上扬事件没有发生，市场也会发生次级反应运动。假使人们没有在大宗商品价格上找出原因，也会找其他令人满意的事件来承担责任。

"平均价格指数是铁面无私的,它代表了每个人对形势状况的所知和预见。"

针对平均价格指数可以反映未来的能力这一重要内容,即使读者会觉得有些啰唆,本章后面还是提供了另外一些文摘片段:

在这里总是要时常讨论平均价格的指数运动,也就是平均价格指数反映一切事情——成交量、总体环境、红利、利率、政治,正因为是平均价格指数,所以它是对各种可能影响市场的因素的无偏总结。(1912年3月7日)

我们认为平均价格指数是排除了个体思想、政治、金钱、农作物等一连串的事物,最终会……(1912年4月5日)

当一个大型制造商看到经济前景不妙时,就会出售其股票,以强化自己的资金地位,而他只是千万个卖出人之一。股市会在早于他和其他人预计到紧急情况发生之前很长一段时间就开始下跌。(1924年7月15日)

股票市场反映了多种多样的事实,而对于每一个事实只有少数人……了解自己的情况。(1924年7月15日)

股市晴雨表会考虑钱财、炼铁炉的操作,还有农作物前景、谷物价格、银行间的清算、藏品的收藏、政治展望、国际贸易、银行的储蓄额度、工资、铁路货运量及许许多多其他的东西。活跃股票的平均价格指数就是全部事物在市场中无偏反映的结果,其中任何一个因素都不会强大到有左右市场的力量。(1924年7月5日)

股票市场预见了第一次世界大战,晴雨表在1914年前期的表现很明显地显示了这点。(1925年3月16日)

在这些研究中,我们宁愿选择忽视国家的经济总量、贸易状况、农作物状况、政治前景和其他对股市日间运动有影响的可能因素,这些因素对股票市场短期的波段运动影响常常都不显著,更不要说对市场的主要趋势更是毫无影响。长期的平均价格指数分析表明,平均价格指数融合了所有这些因素,如果忽略短暂的影响因素,平均价格指数就是一个更加值得信赖的指南。(1911年7月14日)

第五章
道氏理论并非万能的

道氏理论并不是击败市场的绝对可靠系统。要有效利用道氏理论并成功地对投资有所帮助，需要人们严肃认真地学习研究以及不偏不倚地公正收集证据，绝不能把愿望强加在思考之中。

对道氏理论的操作运用进行必要的提炼和广泛地归纳总结，这点远远没有达到。尽管如此，道氏理论的定义比其他实践性科学要更容易理解。一位外科医生能写出几条简单的规则，就能让一位银行家去给一个经纪人做阑尾切除手术吗？肯定不行，因为外科医学是一门实践性的科学，它是在过去成千上万例成功手术的基础之上发展而成的,实际上就是"切除和实验"的方法。成功地将飞机着陆也是一门实践性科学。一个技术熟练的聪明飞行员,可以很轻松地写出一些简单的着陆指导规则,并被其他飞行员所理解。可是,如果我们的银行家依据这些规则尝试飞机着陆的话,他很可能被救护车载离失事现场。这是为什么呢?也许是因为那个驾驶员没有很好地描述这些着陆规则,例如在侧风条件下飞机着陆要放下哪一侧的机翼。可是,对于银行家而言,他能写出决定债券收益的简单规则,从而使医生、飞行员或经纪人都能根据给出的规则计算出正确的答案。因为数学是一门精确的科学,而对于精确的科学,答案是唯一的——即正确的答案。道氏理论是实践性的科学,它不会总是正确无误的,可是如果运用得当就会非常有用。要想运用得当,就要求人们对道氏理论进行认真仔细和坚持不懈的研究学习。

汉密尔顿在他的书中写道:"股票市场的晴雨表并非完美无缺,更确切地说,这门新生科学还远没有达到完美的地步。"

平均价格指数学习者的思想常常受到其愿望的左右。他们在市场已经上升了很大幅度时才买入,然后如果碰到了大的次级运动把利润都跌光了,他们就会指责道氏理论是错误的。这种投资者总认为他们是在按平均价格指数的指示进行，因为他们手中有图，而这个图通常就只有一个单一的工业平均价格指数，图上面认真标注着神秘的阻力点位。道氏理论不应当为他们的损失而受到指责，因为道氏理论认为的在牛市中买入，是只在经历过剧烈的下跌后，并且市场已显示出下跌趋于消亡或者股市在上升过程中显示出活力的时候。

一些道氏理论的学习者坚持把道氏理论应用于日间交易，他们基本上都遭受了资金损失。

还有另一类交易者，坚持把货物装载量、资金利率等东西和道氏理论混合在一起，他们可能是从记录非常差劲但又非常重要的统计部门得到的灵感。这些交易者就像专业气象播报员那样有机遇，很多的机遇，但大多数都是坏运气。如果这些交易者理解了道氏理论，他们就会接受一个基本事实，那就是平均价格指数恰当地反映和评估了全部的统计信息。

有一个经常被提到的问题："如果选择通过道氏理论得出的合理、恰当的交易时机进行交易，那么交易获利的比例会是多少？"本书作者认为，对于任何一位拥有普通市场嗅觉的交易者，如果他有足够的耐心去研究并且利用平均价格指数为指南，只要他的交易经历一个完整的包含牛市和熊市的市场周期,那么他的 10 次交易中至少会有 7 次获利。并且,每一次盈利交易的获利会大于因时机选择不当而进行交易的亏损。有许多人的交易获利经常优于上面所讲的成绩,但是这些人一年之内的交易次数很少超过四五次。他们并不时刻盯着报价机的纸带做交易,而是遵循市场的重要运动规律进行交易,同时他们从不关心几个点的收益与损失。

我们这类宣称理解股市价格运动的人都知道,道氏理论虽然也会判断出错,但是它的可信度要远远大于最优秀的交易者的判断。依照道氏理论交易的人都明白,造成损失的原因一般是因为对道氏理论的信赖程度远远不够,而不是由于太过依赖道氏理论。

设想当一个交易者以平均价格指数为依据做出推断从而选择交易时机进行交易,而这笔交易开始出现巨额亏损,那么导致这种情况的原因,要么是交易者对交易信号发生了误解,要么是道氏理论极少数的对价格运动判断失误的情况发生了。在这种情况下,交易者就应该接受损失,并在市场外等候观望,直到市场的信号变得简单明了、易于看懂时,再进场交易。

投机者,尤其是那种称为"赌徒"更恰当的人,坚持试图去读出关于平均价格指数运动的细节特征，而这些特征其实根本不存在或者根本不可能存在。

任何一个有头脑的人会轻而易举地意识到，假如道氏理论是绝对正确的，或者有一两个人能永远正确地解读道氏理论的含义，可能很快股票市场就不会再存在投机行为了。

1926年，汉密尔顿在解读平均价格指数时就犯了一个严重的错误，把牛市中的次级回调看成是熊市出现。道氏理论的学习者应该看看1925年秋天以后长达1年的股票价格图，把它作为可能很容易得出错误结论的典型案例进行学习。作者认为，汉密尔顿在当时认为市场应该出现熊市了，这样的想法误导了他对价格走势图的解读——这是一个过分相信自己判断而不太相信理论的例子。

一轮牛市始于1923年的夏末，并在1924年整年以惯常的方式发展运动。从1925年的3月下旬到1926年的2月26日，股市出现了一段令人难忘的上升，几乎没有回调。从此次上升的幅度和持续时间来看，足以说明其后的次级运动会按照不同寻常的比例进行回调。看一看1897年至1926年的平均价格指数图，就能看出当时的牛市在其持续时间上已与其他的牛市持续时间一样长。另外，您还会发现当时的工业平均价格指数创出了历史新高,而当时是银根紧缩的大环境。由此可见,即便是一个笃信道氏理论的人,也会受其个人观点的影响,错误地解读平均价格指数的走势而得出牛市行情将终结的错误结论。

尝试探讨导致汉密尔顿把次级反应运动看成熊市的原因是一件有趣的事情。在1925年10月5日,汉密尔顿指出,20种工业股票①的收益是在4%以下,此时"人们是基于希望和未来发展的潜力来购买股票,而不是以其现在所展现的价值来交易"。汉密尔顿还讲道:"无论如何,根据正确的原理来阅读平均价格指数,都会非常清楚地看出牛市的主要趋势运动依然起作用,但是现在是值得注意的时候了。"任何阅读完汉密尔顿整篇评论文章的人都会看出,汉密尔顿是看空市场的,但是从当时的平均价格指数图形上根本找不到任何支持他个人观点的证据。汉密尔顿以这样的叙述结束了他的股市评论:"这次可能是古老的双顶理论发挥作用了,比如说,如果收盘价接近9月19日或9月23日的高点,两个平均价格指数(铁路和工业平均价格指数)就都会出现下跌反应。"这是

---

① 从1928年10月开始,计算工业股票平均价格指数所包含的股票数量才增加到现在的30种。

一个很奇怪的论断，因为汉密尔顿曾经说过，双顶和双底还没有被证实是有效的理论。

在1925年11月9日，汉密尔顿以下面的话作为股市评论的结束语："到现在为止，从道琼斯股票平均价格指数得出的所有结论，都表明股票市场依然是牛市占统治地位，但是有一些次级反应运动应该要到来了，可是还看不到熊市的影子。"可是在同一篇文章的其他地方，汉密尔顿又写道："在某个时候，也许就是明年，会出现明显地在投资和投机方面的资金短缺，而股票市场将会首先对此有所察觉。在全国上下洋溢着对繁荣和未来的希望时，市场将会形成一个主要的下跌趋势运动。"很明显，熊市看法是汉密尔顿个人的观点，可以想象他当时关注着平均价格指数，以期能从中确认他的预测，这都是不无道理的。

1925年11月19日，股市发生了剧烈的回调之后，汉密尔顿再一次警告他的读者们注意观察双顶的出现，因为这可能意味着股市主要上升趋势的结束。可是到了1925年12月17日，汉密尔顿完全根据他对道氏理论的理解对价格运动做出了一番清晰明确的总结，他说道："开始于1923年10月的牛市趋势，依旧处于市场的主导地位，与此同时工业股票平均价格指数中的典型次级回调还未完成。"然而，汉密尔顿警告说应密切关注平均价格指数，这说明他认为股市价格太高了，但是却忽视了道氏理论的推论。

1926年1月26日，工业股票平均价格指数出现了双顶，引起了人们的关注，但是这并没有得到铁路股票平均价格指数的确认。汉密尔顿曾经多次告诫读者们，单从一种平均价格指数运动得出的结论，若没有得到另一个平均价格指数的确认，几乎肯定是误导性的。

在同年2月15日，"双顶"再次被提及，汉密尔顿推测，若不能突破前期的高点，并且随后出现下跌，那么可能表明熊市来临。3月5日，相对于各自的高点，工业平均价格指数只下跌了大约12个点，而铁路平均价格指数下跌了7个点时，汉密尔顿宣称："……基于对过去25年走势表现的研究，牛市运动的结束已经清晰地（在1926年2月15日）展现出来了。"

3月8日，汉密尔顿又引人注目地宣布他所谓的在市场接近顶端时的反转，其依据是"重要的双顶反转"。汉密尔顿说："有一点似乎已足够清晰，那就是在未来不确定的时间里，股市的主要趋势会是下跌。"

4月12日，就是在那个被错误地称为熊市趋势而实际上是次级回调的低点出现后的两个多星期,汉密尔顿继续提出他早些时候的预测,在文章结束时,对于平均价格指数做出评论:"……肯定不会回到研究 7 周前价格运动的文章中所得出的结论。"

　　看一下价格运动的走势图,就会看出汉密尔顿这最后一次的熊市预测当时正是股市价格准备开始继续创新高,并于 1929 年才结束的那轮牛市行情。上述讨论的这类错误,对于投机者而言会导致灾难性的结果,毫无疑问,那些追随汉密尔顿的熊市预测的许多交易者们,在当时都遭受了巨大的损失。简而言之,导致这种错误的原因,很明显是汉密尔顿对平均价格指数的信赖过低而对他自身判断的信任度过高。通过双顶的想法,汉密尔顿用平均价格指数得出的结论去适应他的观点。这是汉密尔顿唯一一次利用双顶的思想,结果却导致他犯下大错。另一个汉密尔顿忽视或不愿看到的事实是,工业股票平均价格指数已经上升了 47.08 点,铁路股票平均价格指数也上升了 20.14 点,而其间并没有重要的次级回调运动发生。根据汉密尔顿对道氏理论的阐述,长期上升运动的正常回调范围是上升值的 40%~60% 之间。按这个标准,工业股票平均价格指数回调 26.88 点,铁路股票平均价格指数回调

10.71点，分别回调55%和53%。汉密尔顿的"熊市"，事实上只不过是一次完全正常化的次级回调而已。如果是认真负责地应用道氏理论的话，就绝对不会把回调看作是熊市了。

第六章
道氏的三种运动

股票的平均价格指数存在三种运动。也许在同一个时间中就会包含这三种运动。其中第一层次也是最重要的运动，是主要趋势运动：股市整体向上或是向下的运动，时间上也许会持续几年，这就是众所周知的牛市或熊市。第二层次运动，也是最容易造成迷惑假象的运动，是次一级的反应运动：表现为在主要趋势为牛市的市场中重要回调下跌运动或者是在主要趋势是熊市的市场中的反弹上升运动。这些反应通常持续3周到数月的时间。处于第三层次的运动，通常也是不重要的运动，就是每日的平均指数波动。

每一位汽车司机都会记得在上第一堂驾驶课时，头脑、手和脚之间的混乱状态，有教练会坐在旁边，一直不断地要求注意观察路况，同时脚离开油门并保持踩着刹车的动作。可是随着经验的积累，使用油门和刹车已经成了自动的条件反射，同时也养成了随时观察路况的习惯。学习者在第一次尝试理解道氏三种价格运动时，可能也会存在类似的混乱情况。可是他们对这三种运动的识别，迟早会成为自身的自觉心理过程和视觉过程。临时的次级反应运动会造成市场趋势的暂时反转，这对于市场的作用就像是刹车对汽车的作用一样——它们都是对超速的限制。对于控制汽车行走快慢的油门，可以同股市的日间波动相比较，在有些交易日，日间波动会与基本趋势或次级运动同方向；而在另一些交易日，则会相反。

这三种运动会在后面的章节中分别进行讨论。对每一种运动的透彻理解都非常重要，因此建议在这里先阅读一下本章引用的汉密尔顿在几年间所写的一些文章摘要：

我们需要把道氏理论牢记在心。股市有三种运动——即股市整体上升或下跌的波动，历时1到3年；次一级的

回调或反弹，可能历时几天到几周的时间不等；还有股市的日间波动。这三种运动同时存在，就像是涨潮时的海水，波涛滚滚奔腾向前，将前浪远远地推到了沙滩上。也许可以允许我们这样说，股市的次级运动使股市的主要强力波动暂停了一段时间，不过，即使我们可能短暂阻碍市场发展，自然规律依旧占主导地位。（《股市晴雨表》）

另外有一次，汉密尔顿对三种运动做了如下的解释：

市场存在整体的运动，上升或者下跌，持续时间也许为数年之久，但很少有短于1年的；然后是市场的短期波段，随时可能发生且历时为1～3个月不等。这两种运动会同时进行，而且，很明显可能会相互排斥。这两种运动又进一步被日间波动所复杂化，而日间波动就像当航海者在困难水域航行时需要考虑的第三种水流。（1909年2月26日）

在25年前，汉密尔顿的文章曾这样叙述："市场中有三种运动在一起同时发生。首先一种是每天的运动，主要是由交易者的操作结果造成的，可以称之为第三级运动；第二种运动通常持续 20~60 天，反映了市场投机群体情绪的涨落，叫作第二级运动；第三种运动是股市的主要运动，通常会持续数年，运动的原因是来源于股票价格相对应的内在价值的调整，通常称之为主要运动。"（1904 年 9 月 17 日）

1914 年，他还发表了一些简短的评论："查尔斯·H.道的'理论'，已经被多年的市场研究所证明，现在它可以再次被诠释为市场同时拥有的三种运动。首先是主要运动，会持续 1 年及更长的时间；第二是间或发生在熊市中的反弹或者在牛市中的下跌；第三是指股市的每日波动。"（1914 年 4 月 16 日）

第七章
主要运动

主要运动就是股市整体的基本趋势，也就是众所周知的牛市或熊市，持续的时期从一年不到至长达几年的时间不等。正确地确定主要运动的方向是成功投机的最重要的决定因素。现在还没有公认的方法来预测一个主要趋势的波动程度和持续时间。

现在还没有任何方法可以确定一轮主要运动的持续时间，尽管如此，"……主要运动的持续时间长短和波动幅度却极大地增加了晴雨表的预测价值。还没有任何规律可以精确表示一个主要运动由多少点构成，也没有一个规则可以确定主要运动所预期的经济扩张或萎缩的程度"。（1924年3月10日）道氏理论的批评者有时抱怨说，如果道氏理论有用的话，就应该能事先预测出市场将要到达的点位，以及到达该点位所需要的时间。按照这种逻辑，那么我们也可以合理地提出我们的愿望，就是要求气象局告诉我们在哪一天、哪一个时刻会有多大的暴风雪来临，也要告诉我们酷暑期的确切持续时间。但是，天气预报就像道氏理论一样，完全是实践性的，它还没有完美到如此的程度，更进一步来说，可能永远也不会达到。但是，我们却习惯于接受天气预报，认识天气预报的局限性，同时非常感谢这门预报的科学向我们警告即将到来的暴风雨和其他天气变化。我们对道氏理论也应该持有这样的态度。

对于理解平均价格指数的初学者，容易误把主要趋势中的较大的次级反应运动，当成市场主要趋势发生的变化。在这种时候，即便是专家通常也很难正确地解读市场，可是如果能认真学习研究，学习者会普遍培养出发现市场变化的能力。如果对市场心存疑问，就应该待在场外，一直等到日平均价格指数的形态给出了更加清楚明了的机会时再进行交易。汉密尔顿曾经经常感到茫然，对于这种有时存在于每一个交易者内心的合理的疑问，再也没有比汉密尔顿在下列叙述中所做的解释更好的了："必须永远牢记，在股票市场中存在一个主流，也同时存在无数的带有漩涡和回水的支流，而其中任何一个支流都有可能在一天、一周甚至更长的时间内，被误认为是主流。股市是晴雨表。股市中不存在任何一波毫无意义的运动。运动的含义有时要等到运动本身结束很久以后才能显示出来，而更多的是永远不为人们所知。可是只有当你对运动的来源日趋了解时，才可以真正地说，每一个运动都是合理的。"（1906年6月29日）

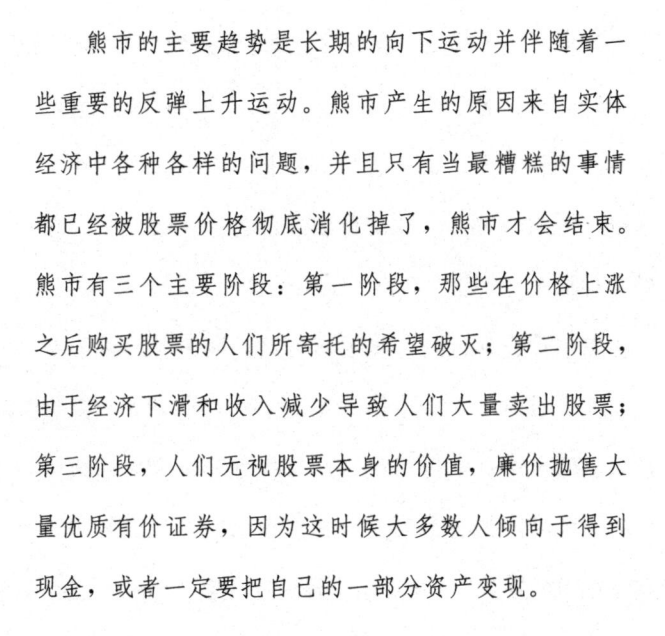

第八章
熊 市

　　熊市的主要趋势是长期的向下运动并伴随着一些重要的反弹上升运动。熊市产生的原因来自实体经济中各种各样的问题，并且只有当最糟糕的事情都已经被股票价格彻底消化掉了，熊市才会结束。熊市有三个主要阶段：第一阶段，那些在价格上涨之后购买股票的人们所寄托的希望破灭；第二阶段，由于经济下滑和收入减少导致人们大量卖出股票；第三阶段，人们无视股票本身的价值，廉价抛售大量优质有价证券，因为这时候大多数人倾向于得到现金，或者一定要把自己的一部分资产变现。

1921年，汉密尔顿曾经说过，在之前的25年中，牛市的平均持续期是25个月，而熊市的时间是17个月。换句话说，熊市的平均持续时间大约是牛市平均时间的70%。

　　熊市似乎可以划分为三个阶段：(1) 第一阶段是对前期牛市最后冲刺时段所寄托希望的破灭；(2) 第二阶段反映出了上市公司收入能力的下降和红利水平的降低；(3) 第三阶段表现为人们痛苦的证券变现过程——为生活所迫必须卖出手中的证券。上述的各阶段被股市中的次级反应运动所分隔开，而人们往往错误地认为这些次级反应运动是牛市的开始。如果你理解了道氏理论，就很少会被这样的次级运动所困惑。

　　每日股票交易总额（total daily stock sales）是反映纽约股票交易所交易情况（成交量）的数据，该指标在熊市时期要比在牛市时期小得多。成交量曲线的趋于平缓是熊市可能结束的一种指示。

　　汉密尔顿经常说到，华尔街古老的座右铭"绝不要在沉寂的市场中看空"在熊市中并不是一个好的建议。汉密尔顿注意到在熊市中的卖出时机，正是在强烈反弹之后成交量萎缩之时，此后活跃的下跌预示着熊市运动会继续进行。他经常阐述如下的观点："在华尔街最常引用的陈词滥调之一，就是告诫人们永远不要在沉寂的市场中看空。这句建议也许对的时候比错的时候多，可是如果在一个持续长期的熊市中，它一定是错的。在这样的熊市波动中，市场的趋势是上升时会变得沉寂而下跌却很活跃。"（1909年5月21日）

下面是从1921年文章中摘录的文段，有不少的内容值得我们牢记：

根据古老的道氏理论……熊市中的次级反弹是突然和迅速的，尤其是在市场恐慌性下跌后，这种特征尤为明显。测试该特征不应该在市场底部时，而是当市场在上升之后……此时股票会很容易卖出甚至超卖。当市场触底时，投资者情绪总是极度悲观的，当开电梯的侍者也开始谈论他的"空头头寸"（short position）时，专业人士们开始"背叛"公众情绪了。

在熊市中的次级反弹，就像是平均价格指数在过去许多年显示的那样，具有让人惊讶的一致性，次级反弹都是在一个市场的价格线之内，而这个价格线可以完全检验市场对股票的吸收能力。在发生严重的市场下跌时……总会有大量的买进，保护了那些弱势账户不会因为持仓量过大而无法变现,这种情况下股票会出现回弹。这时股票的下跌大部分会被卖空者平仓和低价买进的力量所抵消,可是如果股市的吸收能力不足,股市还会进一步缓慢下跌,通常会创出价格新低。(1921年6月23日)

在平均价格指数中证实得出的长期经验告诉我们,在持续时间超过一年或更长时间的长期牛市运动中,相比于间或发生的快速回调,上升的过程显得很缓慢。同样的道理,在熊市中,反弹运动也自然是快速的。(1910年3月19日)

从这一点出发,理解下跌或者上升市场运行的基本原理是很有意义的。

在熊市中,优质股票也会同劣质股票一样受到伤害,因为人们总会出售那些以某种价格一定能出手的股票,以保护那些不管价格降得再低也无法售出的股票。在大萧条时期,从未投机过的人们不得不把很好的投资股票从他们的保险柜中拿出来低价贱卖,因为无论蒙受多大损失,这些优质股票可以变成现金,而生存是需要现金的。上面这些人创造了一只"未雨绸缪"基金,现在真的"下雨"了。他们可能更愿意出售自己的房屋或其他资产,可是却发现不能变现。也许他们曾经将人身保险合同套现,这样就迫使保险公司为了满足保险贷款合同中的资金,而贬值出售一些有价证券。也许这些人同时也将他们在银行户头里的现金存款取尽,从而迫使银行不得不出售持有的有价证券以保证有足够维持银行正常运行的储备金。这样就形成了恶性循环,优质的有价证券大量在市场上被迫出售但是却没有足够的买家买入。换句话说,供给和需求的规律在发挥作用,当供给量大于需求量时,价格必然下跌。那些阅读了许多杰出咨询公司给出的投资建议的读者们应该会感到奇怪,为什么这些公司所雇用的经济学家们会明显忽视或不理解熊市波动中这么重要的阶段呢?

有什么原因能让股票价格的长期下跌结束呢?《股市晴雨表》对整个周期,即牛市和熊市形成的原因做出了精彩的解释:

"现在,我们一觉醒来,发现我们的收入超过了我们的花销,钱容易挣了,冒险精神在空气中四处弥漫。我们从沉寂和静默的经济萧条时期进入了真正的活跃时期。这样广泛的投机活动便随着高利率、工资膨胀和其他常见的征兆一起逐渐发展起来。在经历几年的好时光后，链条中最薄弱的环节承受着过度的拉力。断裂开始……在股市中和商品市场的价格中预兆着萧条，随后是巨大的失业率，这时候银行的存款常常在增加，但是用于冒险的资金却已经不见踪影。"

汉密尔顿告诫我们不要试图利用道氏理论去找出熊市中出现最低点的那个交易日："股市的晴雨表不可能告知大家熊市向牛市反转的绝对转折处。"

1921年9月18日，当平均价格指数从熊市的低点上升了不到5个点时，汉密尔顿在为《巴伦周刊》所写的一篇文章里写道：

"这里有一个相关实例，可以用现在市场的运行情况来进行检测。我要进行一个挑战，要提供股市晴雨表在预测价值方面的证据。伴随着欧洲金融的消沉状态、棉花生产遭受的灾难、因通货紧缩产生的不确定性、立法者和税务人员无原则的机会主义，还有战后通货膨胀和其他所有不利因素，如失业、在煤矿和铁路做工不划算的工资，这些都笼罩在现阶段国家的实体经济中，可是股票市场却已经表现出仿佛它已经看到了有利的因素。此次熊市从1919年10月底、11月初开始。在1921年的6月20日出现了此轮熊市的低点，当时20

种工业股票平均价格指数是64.90，20种铁路股票平均价格指数是65.52。"

然后在几天之后的《华尔街日报》上，汉密尔顿又评论道：

"不止一位记者已经在本报中撰文，提醒大家关注目前令人不太满意的情况，并由此发出疑问，为什么通过对刊登在9月21日的平均价格指数的运动研究后，就认为股市价格似乎正在为进入长期上升的牛市做好准备？能提供的各种理由都是悲观的论调，如德国的大量企业破产、铁路运输的价格和工资、关税和税收的不确定性，还有国会用常识考虑这些事情时的愚钝。对上面这个问题的回答是，股票市场已经考虑到了一切事情，其信息来源要比这些批评者中任何一位所可能掌握的信息来源都要深远广大。"（1921年9月21日）

根据上面的这些预测，本文作者就在当时即刻买进了一些股票和债券，这次投资的收益后来为作者修建住宅和进行商业投资提供了资金。而后面商业投资的盈利意味着作者可以过上适度奢侈的日子而不是在政府医院的退伍军人病房中度日。这些成功的预测，激发了本文作者对平均价格指数多年的研究学习——一种尽力寻找彩虹尽头东西的活动，成了让人神魂颠倒又可以带来盈利的消遣。

1921年的深秋，有来信要求汉密尔顿针对上述推断说明理由。汉密尔顿回信解释道，成交量萎缩，市场横盘调整，市场对坏消息的漠视和反弹的失败，这一切都表明最糟糕的时刻已经结束，同时，汉密尔顿感觉他的论断也被平均价格指数的日间运动特点所证实。

下面的图表，是为研究平均价格指数在熊市底部的运动特点而准备的。9轮熊市的终结时段图形由上到下依次排列，日间的价格运动是按比率刻度绘制，平均指数在每个时期的每个低点都标记为100，这样，价格的上升趋势图就会自动被转换成从低点开始算起的百分比价格变化。

这样的安排是考虑到价格与成交量之间在当时的关系。从图中会发现，在9个熊市的结束时期中，有7个波谷持续了60～90天，在此期间，每一条平均价格指数线都是在平均价格指数平均值（mean price）3％的范围内波动，虽然这种运动不一定在两个平均价格指数中同步发生。而在另外两个波谷时期中，价格的波动大约是在5％的范围内。

在其中6个熊市的波谷中，在市场达到最低点之前几个月，成交量在逐步降低，而另外3个熊市的波谷时期，如果把极其低迷的市场交易作为指标就会出现误导。

关于熊市结束时的双底，已讨论过很多次。确实双底现象有时会发生，可是如果把双底当成一个判断熊市结束的指征，这样肯定是错的。那些针对双底出现的频率做出判断的人们，没有考虑到在熊市中，很多双底出现在不是熊市底部的地方。当我们对所有在熊市中出现的双底进行观察之后就会发现，有一些双底确实是在价格的低点出现但却不是预示熊市结束的底部。这时候，对平均价格指数运动的研究方法就会显得更加有用：当一个平均价格指数的低点没有得到另一个平均价格指数的确认时，则表明市场趋势有可能发生变化，这个变化即使不具有主要的决定意义，也有很重要的参考价值。

对下跌趋势中价格运动的预测似乎比在上升趋势中价格运动的预测要更加容易些。至少，找出市场的底部比发现市场的顶部肯定要容易些。

平均价格指数的学习者如果能在价格指数从低点上升10%的范围之内发现市场的底部，确实是很幸运的。可是，当股指从底部上升20%之前，对于任何熟练应用道氏理论的人来说，趋势变化的指示已经非常明显了。

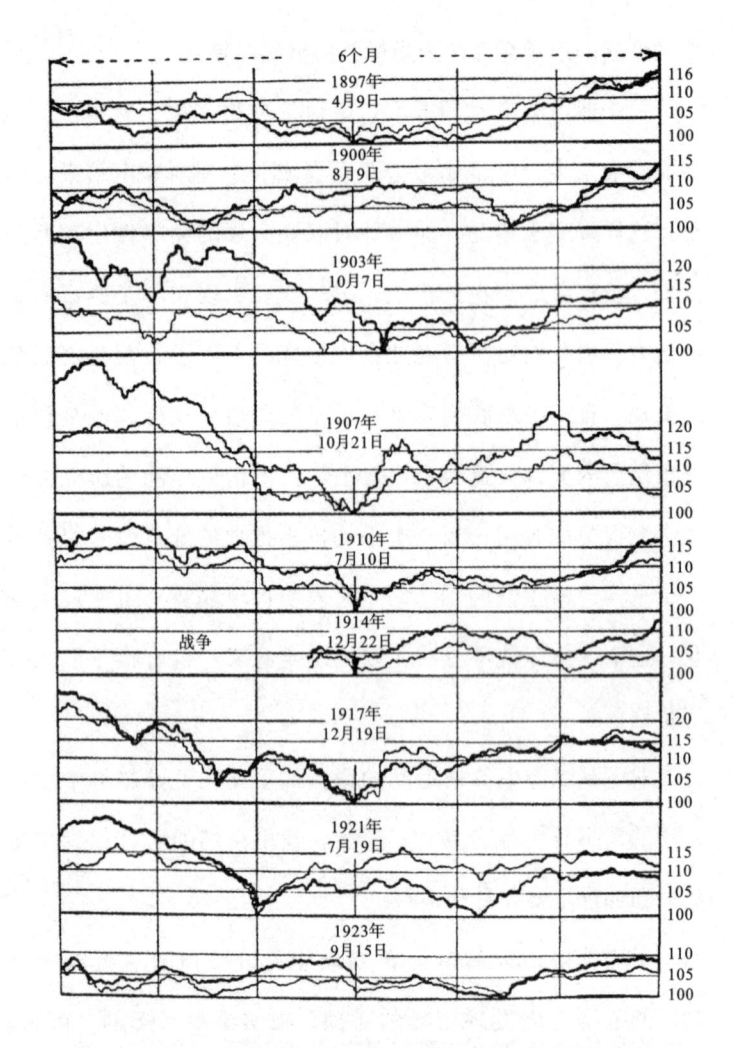

图：道琼斯每日股票价格平均指数：9轮熊市中6个月长的谷底
比例标尺：最低点为100%
图例：粗线：工业指数；细线：铁路指数

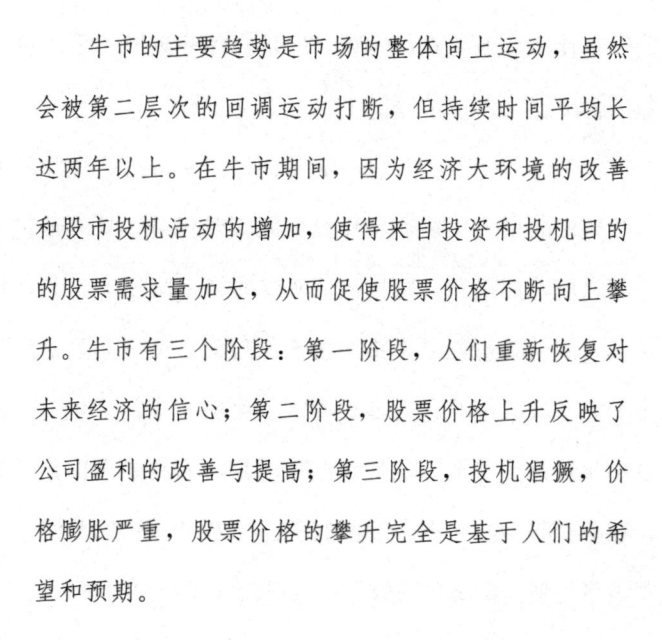

第九章
牛 市

牛市的主要趋势是市场的整体向上运动，虽然会被第二层次的回调运动打断，但持续时间平均长达两年以上。在牛市期间，因为经济大环境的改善和股市投机活动的增加，使得来自投资和投机目的的股票需求量加大，从而促使股票价格不断向上攀升。牛市有三个阶段：第一阶段，人们重新恢复对未来经济的信心；第二阶段，股票价格上升反映了公司盈利的改善与提高；第三阶段，投机猖獗，价格膨胀严重，股票价格的攀升完全是基于人们的希望和预期。

正如前几章所述，道氏理论是一种利用常识进行判断的方法，该理论通过对道琼斯铁路和工业股票平均价格指数的日间价格波动记录进行研究，从而推演出对未来市场运行的判断。在金融投机者的冒险生涯中，再没有比在熊市正要结束和大牛市正形成时期，更能体会道氏理论的有用之处了。

对汉密尔顿来说，似乎很容易抓到市场的底部，而且他不断声称寻找市场底部比找到股市上升时期中的顶部容易得多。汉密尔顿的成功无疑源自其金融方面的智慧。可是其他技能稍差的人，却也能够在正确的时候成功地运用道氏理论，他们没有什么其他特殊的学识，只是合理地理解了平均价格指数的含义。

对于牛市和熊市，人们一定要记住，牛市的第一阶段和前一波熊市的最后一次次级反弹之间很难区分，只有经过一段时间之后才能确定。同样的，熊市的第一阶段首当其冲地必定被人们认为可能是牛市中的次级回调。所以，只要讨论熊市的完结就必须要包含随后确定发生的牛市的开端。在前一章中我们讨论了典型的熊市结束时期，而需要再次指明的是，在熊市时期的尾声，市场似乎已经对进一步的坏消息和悲观情绪免疫。市场在剧烈下跌之后失去了可以反弹的能力，市场明显表现出已经达到一种均衡状态，此时投机活动处于低潮，空方已经不能进一步压低价格，可是还没有出现足够的需求能抬高价格。市场因缺乏公众的参与而变得拖沓沉闷。悲观主义盛行，没有股票红利可分，一些主要的大公司常常会陷入财务困境，还有很明显的政治动荡。所有上面这些因素导致股票市场的价格指数走出了一个线态窄幅区间盘整的形态。然后，在这个形态已经确定无疑地向上突破时，铁路和工业平均价格指数的日间波动会显示出明确的趋势，每次回弹的底部都会逐步小幅上扬，而每次回弹之后的下跌不会跌破最近的价格低点。那么这时，注意不是之前，可以进行投机性买入的机会已经明显地显示出来了。这个时期需要具备耐心，如果在相对较大幅度的上升之后又出现了较大回调，若回调没有跌破前一轮熊市的低点，而且随后的一系列上升却突破了前期熊市的主要反弹运动的高点，那么这时候，买入股票就会比较安全了。

有些读者也许会问，为什么在 1930 年春天的次级反弹不能作为熊市的完结和新一轮牛市的开始呢？一种回答是，学习平均价格指数的人都知道，牛市不会以激烈的反弹为开端。还有，在熊市的初始阶段，相对于下跌幅度 25％ 甚至 100％ 的反弹都不是没有先例的。有很多关于牛市开端的讨论的论述文章。下面摘录的一段文字讨论的是牛市如何从很低的基础价位开始发展起来的：

前期熊市的下跌，已经使有价证券的价格远远地低于了其被人们承认的内在价值。一个很好的理由是由于股票交易所提供了一个可以以一定价格买卖股票的场所，但其他的东西却已经完全消失了。这是股票市场作为晴雨表的部分作用，股票市场必定第一个感受到普遍套现的压力。

在牛市的第一阶段，股票会向其公认的价值回归。在牛市的第二阶段，通常也是时间最长的阶段，随着总体经济的好转，股票价值进行不断地调整并变得更加稳定，这个阶段在牛市中最能频繁见到持续时间最长且最能使人上当受骗的次级回调。牛市的第三阶段，公众的信心不仅反映了股票的现有价值，还反映了对未来一切可能的期望。

（1923年6月25日）

下面的段落表明，在牛市缓慢攀升阶段需要人们的耐心，也需要人们有勇气经受住在一轮健康牛市中会出现的快速次级回调反应运动：

> 从平均价格指数中得出的长期实证经验告诉我们，在持续时间超过一年或更长时间的长期牛市运动中，相对于间或发生的快速回调，上升的过程会显得比较缓慢。同样，在熊市中的反弹也会是快速的。（1910年3月19日）

在华尔街上进行"卓越理财"的人士，都是在股票低于其价值的时候买入，或者在股票低于一段时期内的合理价位时买入，最终在市场的较高点时卖出。如果这些精英人士拥有才智和技能这样做，他们的做法正如商人所为，一个商人会在床单布和其他棉花制品等基本商品价格低廉时以及生产厂家因为生意萧条而减价时大量购进这些商品物资。他会期待着在随后市场价格上涨时将所购商品卖出。当华尔街的精英分子考虑到股票价格已经低于其内在价值，对投资前景和盈利能力进行评估后，就会悄悄地开始囤积股票。渐渐地大众意识到股票价格不再走低，悲观情绪和迫于生计的情况已经使股票价格下跌得太厉害。然后公众开始买入股票，优质股票的浮动供应量在减少，股票价格上升，这时牛市已然形成。然而，汉密尔顿告诫我们，股市主要趋势的反转从来就不会是突然发生的，因为"造成股市主要上升运动和下降运动的因素实际上从来不会在一夜之间发生自我改变，可是促使第一次变动（回调和反弹）的因素确有可能发生（改变）"。（1910年7月29日）

上述对于道氏理论的讨论，是要确立道氏理论对于股市交易者的实用性，而不是将其描述成预测经济的一种工具。作者无意于尝试对汉密尔顿的杰出著作《股市晴雨表》进行改进，汉密尔顿在该书中阐述了对股市的思想理念，他认为平均价格指数的运动可以作为经济的晴雨表。可是对于那些学习道氏理论并进行投机的人们来说，其实他们同时还会认识到道氏理论是预测经济趋势的可靠指标。

汉密尔顿承认在找到市场顶部时通常会遇到困难。他写道："……正确地找到市场的顶点要比找出市场的底部难很多。在经过长期的熊市之后，股票平均价格与实际收益价值、股息收益和资金价值之间的背离会很轻易地显现出来。可是，在经过长期上升之后，许多股票的买卖价格仍在其内在的价值范围内。有很多东西存在没有被反映在价格中的可能性。还有，也许是因为情况的复杂性，或者更真实的原因是由于市场作为晴雨表对未来总体前景预期的稳定性，市场价格会在一个不定的时间里维持在距离顶部较小的范围内。可以说市场中确实有这样的例子，市场价格在距离顶部不远的区间范围内盘整了接近一年之后，才猛烈下跌形成熊市。"（1926年2月15日）

汉密尔顿在另外一篇文章中写道："……预测主要运动的精确顶部已经超出了任何晴雨表的能力范围。当市场缺乏过度的市场投机时，预测的难度又加大了。"（1923年6月13日）按照这种说法，若没有了过度的投机活动，即使是一个合格的平均价格指数学习者，也会很容易将后来证实为熊市的第一次下跌运动错误地认为只不过是牛市中的次级回调而已。

汉密尔顿喜欢用华尔街的格言来阐明他的观点。在一次关于平均价格指数的讨论中，当时股指已接近市场的顶部，汉密尔顿写道："华尔街经验丰富的交易者认为，当开电梯的侍者和皮鞋匠都在咨询有关牛市市场的消息时，这就是该卖出股票然后空仓去度假钓鱼的时候了。"有许多次当牛市接近尾声时，汉密尔顿经常警告他的读者说："没有树木会长到天上去的。"

1929年春天,当时的牛市即将进行最后一波冲刺之前,汉密尔顿承认从平均价格指数上看,毫无疑问牛市还在继续攀升,可是明显地他希望他的读者将股市的利润落袋为安并且趁早离场,他在这里写到他的警告:"……研究者应该问问自己,股票是否以高出其内在价值许多的价位卖出,人们是否是基于期望在购买股票,对这种期望的等待会使得人们心痒难耐。"(1929年4月5日)

20年前,在1909年股市达到其最高点前没多少天的时候,这种谨慎的呼吁就出现了:"人们必须永远铭记,无论国家经济前景有多么繁荣,可是股市的价格不会永远无限制地上升。在一个至少是部分由于飞涨而创出历史新高的上升运动中,当市场从其沉重的顶部开始发生崩溃时,也会不可避免地在市场反应中展现一些不同寻常的东西。"(1909年8月24日)

汉密尔顿多次表达了他的信念:"……市场最终会转向(下跌),即使经济现在依然良好但在不久也会转向(萧条)。"(1922年4月6日)而经济学家们指出,在1929年股市牛市终结之前经济已经衰退了。也许这是真的,但如果是这样,那么牛市给股票市场这个锅炉施加了比其他市场更大的压力。

不管是否能证明股市在对1929年经济转变的预测具有可靠性，但无人能够质疑的事实是，股市在当年10月确实给出了表明股票价格的趋势已经出现反转的证据。如果那些技艺深厚的道氏理论学习者，学会了成功地利用次级反应运动进行交易，就会在9月卖掉他们的股票。许多人确实都这样做了。无一例外，那些没有平仓的人都希望当时自己对主观判断的依赖少一些，而能多信任道氏理论一些。

从1897年开始的道琼斯平均价格指数中的全部牛市记录来看，再也没有比平均价格指数在1929年顶部的反转更简单明了的了。

所有通货膨胀的普遍特征都显现出来了。股票成交量过度放大；经纪人的贷款创新高，实际上是经常创新高；短期拆借利息非常之高，使得许多公司都发现，把库存变现，然后把所得现金注入华尔街的做法可以获取丰厚的回报；有很多不光彩的投机活动发生；缴纳交易手续费的办公室外经常挂着"请站立等候"的提示牌；领涨股票的收益比最好的债券差；垃圾股的价格也像坐了火箭一样飞上了天，根本不管其股票内在的价值和公司盈利的能力；整个国家都处在股市疯狂的投机中。当交易熟手们回忆起那几个月时，都很奇怪自己怎么像被"新时代"的观念打了麻醉针一样,那么必然会在后来的股市崩盘中被套牢。那些有敏锐洞察力的银行家本来可以让投机者倾听他们的意见而解除危机,可是却被当成搅局的人而被迫沉默;而另外一些银行家,他们的名字应该被冠以"骗子"而载入史册,在当时却被赞扬成超人。

在这些兴奋激动中,道氏理论没有动摇。1929年春天,平均价格指数显示,股票的供给和需求相等了——这表示有重要的势力在大量卖出手中的股票,而其他的势力在大量买入吸货。随后,平均价格指数宣告买方的力量已经超过了卖方的力量,两种平均价格指数都创出新高,股票市场在向上攀升的途中快乐地向上跳跃着。道氏理论指出,锅炉(股市)里已经有了足够的蒸汽来推动股票价格再次上扬。

5月12日到6月5日之间,股市发生了一次好像是重要的下跌运动,可事实上,成交量在股票上升时增加,而在股票价格下跌时减少,在道氏理论看来,这次运动不过是一次牛市中的次级回调而已。

1929年9月3日,股市达到了牛市的价格顶点。在当天到10月4日之间,发生了一次价格下跌,看来似乎只是又一次的牛市正常回调。可是,随后在10月5日发生的回弹中,股票的成交量在降低，而且，在随后的 8 个交易日中，道氏理论的学习者都能从走势图中看出，在市场这个锅炉里的蒸汽已经不足以推动价格进一步上升，因为在股价回弹时，成交量却在持续下降。当时图表专家注意到，市场的回升只达到了相当于熊市反弹中较低限度的水平。这样，对于道氏理论的应用者而言，已经有了明确的卖出信号，即当工业平均价格指数在 350 点时卖出——只低于股市最高点不到 10％！而对于那些没有卖出的人，市场每天都在给出更为强烈的警告，因为成交量随着股价的下跌不断增加。而在 10 月 20 日结束的那一周，市场终于跌破了 10 月 4 日的价格低点，此时对于能够读懂平均价格指数的人们来说，股市已经毫无疑问地被确认为熊市。

汉密尔顿笔下对市场主要趋势变化的最后一次预测，就是他明确地声明了 1929 年 9 月开始的大熊市的到来。随着平均价格指数形态一天天地显现，不祥的预感对汉密尔顿来说非常明显了。1929 年 9 月 23 日刊登在《巴伦周刊》上的一篇研究价格运动的文章，主要评论了在平均价格指数中形成了线态窄幅区间盘整的形态。1929 年 10 月 21 日，《巴伦周刊》提醒人们注意到那时为止的一系列上升和下降运动的重要性，因为这些运动含有熊市的意味。1929年10月25日，当时篇名为"趋势的反转"，而现在已经非常著名的评论文章刊登在了《华尔街日报》上，该评论宣称9月以来的市场下跌，很明显是熊市开始的第一阶段。在几周后，汉密尔顿突然辞世，可以说他最后一次关于市场主要运动趋势的预测是他一生中最为杰出的一次。

第十章
次级反应运动

为方便讨论，我们把次级反应运动看作在牛市中的重大下跌运动，或者在熊市中的重要上升运动。次级运动的持续时间通常是3周到数月不等。这种间歇性的次级反应运动的价格回调，普遍的回调幅度占上一个次级反应运动结束后主要价格变化幅度的33%～66%。这些次级反应运动常常让人们错误地以为是主要趋势发生了改变，明显的原因在于，牛市第一阶段的价格运动与后来被证实只是熊市中的次级反应运动，恰好是相同的。另外，在牛市中，对于前期高点达到之后的回调运动和熊市第一阶段的价格运动，恰好也是相似的。

就像安全阀之于蒸汽锅炉一样，次级反应运动对于股票市场是必不可少的。次级运动会给保证金交易者①带来最大的风险。对于平均价格指数的学习者，如果能正确识别次级运动，而又不与主要趋势的反转相混淆，次级运动可能会给他们提供最好的获利机会。汉密尔顿说："次级反应运动是维护牛市正常运行的安全措施之一。它可以最有效地检查市场上是否存在过度投机。"

当次级反应运动正在形成时，人们经常问的问题是："这次运动将持续多久呢？"根据平均价格指数的指示，一个合理和保险的回答是，对于重大的次级反应运动，以主要趋势被打断时为基点，一般会回调（反弹或回落）1/3 到 2/3，或者更多。这样的概括具有极大的实用价值，可是如果想要给次级运动确定一个精确的限制幅度，这注定要失败，正如气象播报员想要精准预报某一特定时刻的降雪厚度会是 3.5 英寸那样，一定会失败。气象预报一般会正确地播报将要发生下雪

---

① 例如期货交易。

及其大约日期，可是却不能成功地预测出降雪发生的具体时刻和降雪的厚度。道氏理论的研究者也处于相似的境况。

造成市场次级反应运动的原因有许多，其中最为重要的原因是在熊市中的超卖和在牛市中的大量超买，这种状况会随着市场的主要趋势进程而加重，而且常常被认作市场的"技术形态"。次级反应运动的发生常被归咎于某一特殊消息的爆发，然而真正的原因却是由于市场本身的脆弱，使市场容易受到运动发展过程中的影响而产生次级反应运动。

随着一个健康牛市的向前发展，公众会更随意地参与进来并购买股票。购买的原因是希望将来会在更高的价格处卖出股票，可是，未来股票市场总会出现卖方大于买方的时候。那些职业交易者总是密切关注这种情况的出现，然后就大量在市场中抛售股票，做空市场；与此同时，那些可怜的跟随者们恐慌地卖出他们的股票，这样就会助长反转趋势。职业交易者和市场大众抛售股票的共同作用就是造成股票价格的剧烈下跌，因此在股市上升了多个星期后经常会有许多天的回调出现。在这种剧烈下跌的情况下，会暴露出那些买入价位不佳的仓位，迫使交易者只能获取微利后清仓出场。结果，股票价格会被一直打压到精明敏锐的交易者们开始为股市下一轮上升而囤积股票时的水平。

在熊市中,情况正好相反。那些偏好现金或急需现金的人们不断地变现其拥有的有价证券,导致市场的报价每天都在下降;与此同时,职业交易者意识到市场向下的发展空间比向上的发展空间大,因此他们也开始抛售股票,这样加速了市场价格的下跌。最终市场价格被打压到抵押担保所评估的价值水平之下。市场的卖空情绪也许是过度了,精明的交易者认识到,至少在这个时候,市场的抛售已经到头了。他们开始为回弹而建仓囤积股票,因为检查平均价格指数后会发现周期性反弹必然会出现。1910年7月29日,当时便出现了这样的情况,彼时汉密尔顿写道:"正常的回调似乎现在已经开始,占整个下跌幅度40%的点位将会被快速收复。但反弹之后若市场变得沉寂,绝大多数专业交易者就会卖出股票,因为根据道氏理论,市场还没有蓄积足够的买方力量成为真正牛市开始的前提条件。"

报纸上对这样的状况通常报道为"卖空出逃"。卖空者慌忙卖出手中的股票,然后时常买进股票进行短期炒作,加上其他不明智的投资买进,导致整个市场急速上升。这样的上扬一直持续到市场的买入力量减弱,此时那些在拐点处买进的人们获利出局。供给和需求之间的古老定律继续发挥其不可阻挡的作用，股价再次下跌，直到需求再一次超过供给时为止。在恐慌或半恐慌性下跌中，银行和其他金融机构一般会买进部分股票来支撑市场，然后在股价上升过程中，他们会再小心翼翼地卖出这些股票。1909年5月21日，汉密尔顿评论过这样的情况："股市中成交量的减少包含了多种意义，在华尔街常被引用的陈词滥调，就是关于不应该在沉寂市场中卖空的作用。这条建议也许对的时候多于错的时候，可是在一轮持续发展的熊市中，这个说法总是错的。在熊市运动中，上升会变得沉静，而下跌却十分活跃。"

次级反应运动总是让人很迷惑，而汉密尔顿经常这样表述他的困惑："牛市中的次级反应运动很难猜测，甚至其表现有时会容易使人上当。"次级反应运动提供了许多主要趋势反转（例如从牛市转为熊市）的特征。正是由于交易者的心理中都存有同样的困惑，这才使得次级反应运动对整个市场具有极宝贵的保险作用。1924年9月11日，汉密尔顿在谈论次级反应运动时说道："关于这个问题，超过20年的经验告诉我们，市场中的次级反应运动，表面上不是受那些从牛市主要运动的特征得出的规律所支配的。牛市中的次级反应运动只是在方向上与熊市相似，但实质上却有所不同。"在牛市中，当上升时的压力过大时，就会有次级反应运动发生，正如沸腾的蒸汽锅炉在压力超过安全系数之前，需要从安全阀中排压一样。1922年11月3日，汉密尔顿对此做了如下评论："在研究一个不包含任何经验主义和江湖骗术的科学体系中，牛市中次级运动的反应原理是不应该被忽视的。在这里已经评论过了，随着市场发展而来的次级反应运动，是不可能被预知的。这种运动对清除市场中过量的看涨账户有显著的效果，因此市场在此时体现出了它最具价值的服务功能，就是风险控制，也即是说让市场价格撤回到更安全的水平上，直到市场中那些还不能肯定判断的不良征兆被彻底明确为止。的确，对熊市的理解几乎可以说就是对熊市消息的消化。"

熊市风平浪静、交易疲软的时刻，一般对做空力量而言是一个好的机会，因为随后一般市场会出现重大的下跌运动。但是，在市场已经经历了猛烈的下跌之后，伴随这种下跌运动，市场会进入半恐慌性的崩盘阶段，则此时回补空仓是明智之举，甚至还可以建立多头仓位。另一方面，当平静而坚挺的市场表现出交易活跃和上升有力时，就可以买入股票，在随后的市场上升力度和交易活跃性仍然在不断增加时卖掉股票，或者是在成交量放大但市场却不再进一步上升时卖掉。可是，如果一个投机者在牛市中做空，他是在赌次级反应运动，这样的做法，盈利的可能性极小。对他而言，更加好的方法是：在上升运动中获利之后，在市场回调时待在场外，等待市场萎缩之后必然出现的交易沉寂期的到来，这时候再进场买入股票。次级回调运动之后的交易沉寂，给业余交易者提供了能同经验丰富的专业交易者一起同步的机会。

次级反应运动有一些特征是可以识别和确认的，但是另外一些次级反应运动的特征就连专家级交易员也难以预料。人们普遍认为，无论以何种精确度来衡量都根本不可能确定次级运动的起始点。任何与主要趋势方向相反的日间波动都有可能是次级调整的开始。经常的，当股市处于恐慌或半恐慌性暴跌时，成交量持续稳定增加就可以确定是反弹的开始，可是成交量的顶点，也许是在主要趋势运动的最后一天达到，或者是在反弹运动的第一天或第二天达到。次级运动的一个确定特征是，这种和主要趋势相反的运动速度总是比前期的主要趋势运动快很多。汉密尔顿注意到"在熊市中，反弹运动倾向于剧烈和不规律性。回弹会收复部分点位，该过程所占用的时间要比下跌所用的时间短。在牛市中，回调运动的特征也是如此"。一个运行了数周时间的趋势运动过程，经常会在几天内回调。平均价格指数的学习者可以通过观察过去几年的平均价格指数图，看到和该运动相似的情形，这样可以使他们能够在一定程度上正确区分次级运动和主要趋势运动之间的差异。在牛市的顶部，当指数反转下跌时，通常人们会怀疑后续不会存在明显猛烈的下跌；而另一方面，在熊市底部的上升运动，随后被证明是一轮新牛市的开始，其特征一般是缓慢上升的同时带有频繁的小幅回调，并且当指数下降时成交量在明显降低。

如若在几天时间中，铁路和工业平均价格指数都不再从方向上相互确认，这种特征常常可以预示次级反应运动就要到来了。但是该特征不能当作一种规律来使用，因为在绝大多数牛市的顶部和熊市的底部，也会有这种显著特征。

汉密尔顿在1921年12月30日的评论文章中针对一场次级反应运动写道："华尔街有一句古老格言是：'绝不要在沉寂的市场中卖空'。熊市中的反弹是迅猛的，可是对于经验丰富的交易者来讲，他们会在市场反弹之后变得沉寂时再度卖空。在牛市中也是如此，操作刚好相反，交易者们会在市场经过回调之后变得沉寂时再买进股票。"

市场中重要的次级反应运动会走出一个形态，相反趋势的运动会分 2 至 3 个阶段完成；当然，工业和铁路平均价格指数通常会通过各自的运动互相确认。为了以示说明，本章末图表中列举了一系列平均价格指数，包含了次级反应运动中的上升和下跌运动：

牛市中一次典型的次级反应运动，发生在 1928 年 5 月 4 日之前，市场在经历了一段长期上升之后出现的。在 1928 年 5 月 4 日，工业平均价格指数达到了 220.88 点，铁路平均价格指数在 5 月 9 日达到 147.05 点的高点，在 5 月 9 日至 14 日之间，两个指数还没有互相确认。到了 5 月 22 日，工业指数下跌到 211.73 点，铁路指数下跌到 142.02 点，随后在 6 月 2 日出现了一次反弹，工业指数升到了 220.96 点，可是铁路指数却在 144.33 点就停止了上升。到 6 月 12 日，工业指数跌到了 202.65 点，铁路指数跌到了 134.78 点。随后到 6 月 14 日是两个上涨交易日，工业指数达到 210.76 点，铁路指数达到 138.10 点。紧接着到 6 月 18 日，工业指数跌到 201.96 点，铁路指数跌到 133.51 点；可是这期间的成交量却在持续降低，在最低时只比 100 万手多一点，要知道许多个月以来，成交量在 200 至 400 万手都很平常。这次下跌在普通的次级反应运动的范围内结束了。

一次典型的熊市过程中的次级反应运动发生在 1931 年 6 至 7 月。从当年的 2 月 24 日开始到 6 月 2 日是长时间下跌，工业指数从 194.36 点跌至 121.70 点，铁路指数从 111.58 点跌到了 6 月 3 日的 66.85 点。在市场指数不断接近低点的过程中，成交量在持续地增加。到 6 月 4 日，工业指数上升到了 134.73 点，随后一天铁路指数达到了 76.17 点。然后，在 6 月 6 日，工业指数下跌到了 129.91 点，铁路指数跌到了 73.72 点。跟着又是反弹，到 6 月 13 日工业指数和铁路指数分别达到了 137.03 点和 79.65 点。6 月 19 日，工业和铁路指数价格分别跌到了 130.31 点和 74.71 点。之后，出现了此次次级运动的最后一次反弹回升，到 6 月 27 日市场达到了次级运动的高点：工业指数为 156.93 点，而铁路指数为 88.31 点。成交量曲线显示，在市场达到上述峰值之前的几天交易量就在减少。这次次级调整持续了 4 周，工业指数和铁路指数分别恢复了从 2 月 24 日开始的下跌行情的 45% 和 48%。而 2 月 24 日的价位是上一波次级运动达到的高点。

在牛市中，次级反应运动的一个统一特点就是，当市场指数回落到最低点时，一般会伴随着相当大的成交量。然后，市场会上升1至2天，同时成交量会持平或稍微减少。随后又会出现下跌，但却不会跌破前期的低点。如果成交量在这时的下跌中减少，那么就有理由认为次级调整已经完成，牛市的主要上升趋势会重新启动。这里有一个前提，即次级反应运动时一次正常回调，从前一次重大的次级回调结束后算起，其回调范围应该是主要上升行情的33%至66%之间。

在本章末尾的表格中，详细分析了各次级反应运动范围的百分比。

需要强调很重要的一点，那就是每一个交易者在观察次级反应运动时，一定要始终考虑成交量这一因素。成交量虽然并不像其他特征那样和市场的运动具有明确统一的含义，可是当你在牛市的调整运动中选择安全的买入点或在熊市中选择适当卖出点时，参考成交量却很有价值。

每当股票价格在熊市中被打压到新低点，或在牛市中创出新高时，人们通常认为市场会在主要趋势运动方向上维持相当长的时间；可是每一个交易者都应该记住，当市场价格指数出现新高或新低时，令人吃惊的次级反应运动会迅速出现。本章后面的表格中附有次级反应运动的波动范围。次级反应运动是不可避免、必然发生的，这种运动能够比较合理地进行定义，因为其历经时间可以界定出来：一般次级反应运动的完成时间需要3周到3个月不等。在此期间，保证金交易者却倍感焦虑。这段时期会出现大家都知道的双底或双顶。通过了解市场运动主要趋势确定的价格界限与次级运动的可能范围，我们就可以确定价格调整的区域，这是"交易的真空地带"，当价格处于这个区域之内，交易者一般不会进行交易，而当价格在此区域进行调整时期，常会出现线态窄幅区间盘整形态。

次级运动相对比较容易描述，但是却难以精确地定义。有时它会以线态窄幅区间盘整的形态开始或结束，有时又不是如此。如果前期市场的主要趋势运动进行得缓慢，随后的次级反应运动就会快速进行，还会伴随有线态窄幅区间盘整出现，这是所有运动过程超过8周的次级反应运动的一致特征。

多年以来，汉密尔顿就次级运动的时间和波动幅度范围进行了大量的讨论。细心研读所有汉密尔顿文章的人会发现许多关于次级运动典型特征的评论文章。下面摘录的文章片断就代表了汉密尔顿对次级运动的看法。

几年前，汉密尔顿注意到次级反应运动"倾向于过度反应"，"过去25年的股市历史表明，通常下跌之后的反弹调整经常会恢复下跌过程的60%。在这样的反弹过程中,那些支撑市场的强大做市商们便开始在市场中抛售他们在之前下跌过程中必须支持弱势投资者而买进的股票。① 市场在未来的表现就将取决于对这些股票的吸收能力。在这个几乎自动的反弹之后,紧跟的是半恐慌的爆发,市场交易者通常又开始卖出股票,缓慢地,日复一日,这样指数通常会跌回到第一次疯狂抛盘时创出的低点。这不一定是主要趋势运动结束的标志,虽然这样的情况也时有发生"。(1926年4月4日)

股市真正的恐慌有别于严重的下跌,在这种恐慌性抛盘之后,平均价格指数总是会有规律性的反弹运动,大约会反弹到前一个下跌过程的40%~60%之间,然后(做市商)将之前市场恐慌时出于保护市场目的而买进的股票又卖出,因此股价又会下跌。(1907年12月25日)

已经发现,市场在剧烈的下挫之后,会伴有40%或更大程度的反弹,这种次级运动的速度比起前期的下跌更加

---

① 请读者自行参考了解美国股市做市商制度。

缓慢，也存在上下来回的细小波动，就像一个钟摆，在达到平衡时才停歇下来。这是在恐慌性股市崩盘后的常见现象。（1910年9月20日）

多年的测试表明，平均指数在长期上涨之后的下跌，一般会跌到占上升过程一半的点位，然后市场就在前期低点和这个高点之间来回运动，一直等到新的驱动力出现。（1906年4月16日）

上面的言论是汉密尔顿在对次级反应运动进行的许多研究工作中得到的灵感，而且事实证明了他的观察毫无疑问是正确的。这项研究完全是基于对一个事实的充分认识，即任何人想利用精确的数学来解释道氏理论中关于次级反应运动的时间和范围都会失败。道氏理论，正如前文所阐述的那样是一门实践性的学科，不能用数学计算来进行定义。可是，正如气象局里多年的天气记录有助于天气预报一样，事实证明，对次级反应运动的时间和变化范围的数据列表记录并进行观察，这样对研究未来市场的发展总是有一些用处的。

在道琼斯公司的历史记录中，把过去35年内铁路和工业股票平均价格指数发生的重大次级反应运动进行选择和列表排列时，可能任何两个研究者都不会就选取的标准达成统一意见。本书作者曾经尝试用许多方法对次级运动进行分类，每种方法都需要耗费多个星期枯燥单调的工作，可是没有一种方法能产生让人完全满意的结果。其中一种方法是将运行时间不足15天的次级运动都忽略不计，结果很多真正重大的次级反应运动被省略了，而一些不重要的次级反应运动却保留了下来。这样一来就不用考虑时间因素，而考虑把平均价格指数变化小于5%的次级反应运动省略，后来这个标准又提高到7.5%至10%，可是应用这些方法总是使一些真正重大的次级反应运动被省略，而一些不重要的小型次级反应运动却保留下来。最终，本书作者开发了一种选择方法——由于此方法太复杂，难以在此处详细讲解——用此法似乎可以忽略小的次级运动，而保留重大的次级运动。表1统计了过去35年间工业股票平均价格指数的上升和下跌运动。根据表1中显示的日期和价格，又细分出表2和表3，详细地显示了牛市和熊市的主要趋势运动和次级调整运动。把这些数据加以综合和平均，得出下列结论：

在熊市中，主要趋势运动的平均时间是95.6天，而次级反应运动平均是66.5天，或者是占前期主要运动所用时间的69.6%。在牛市中，主要运动平均是103.5天，次级运动是42.2天，或占主要运动所用时间的40.8%。

汉密尔顿常讲，次级反应运动一般用时是3周到数月。在检验这项规律时，我们发现在熊市中65.5%的次级反应运动在20至100天内结束，平均47.3天。其中，45%的次级反应运动在25至55天就达到了反转的极限点。在牛市中，数据显示该比例略小于熊市，即60.5%的次级运动是在20至100天内完成的，平均是42.8天，其中占总数44.2%的次级反应运动所用时间是25至55天。

汉密尔顿常提到他的观点，他认为次级反应运动一般会恢复（上调或下降）其之前发生的主要运动中价格变化幅度的40%至60%。在检验汉密尔顿的信条时我们发现，熊市中全部次级反应运动的平均调整量占前期主要趋势变动幅度的55.8%。其中，占72.5%的次级运动的反弹量要大于前期主要运动变化幅度的1/3或小于2/3，这些次级运动的平均反弹幅度达到了前期主要趋势变动的49.5%。

在牛市中相应的数据如下：全部次级运动中平均回调量占前期上升趋势幅度的58.9%，可是只有50%的回调在前期上升幅度的 1/3 至 2/3 之间结束，对于这样结束的回调运动，下降波段的平均幅度占前期上升运动幅度的 54.9%。

看来在熊市和牛市中，次级反应运动都有足够多的相似特征，可以把这些特点作为一个整体考虑，而不用特别区分熊市和牛市的次级反应运动。按这种想法来看，全部主要趋势运动到发生重大次级反应运动之前，平均运行 100.1 个交易日，全部次级反应运动的平均持续时间是 52.2 天，其平均调整幅度占其前期主要趋势运动变化程度的 57.6%。

如果我们能说，重要的次级反应运动结束于其前一波主要趋势波动幅度的 57%，那么投机就将会是件容易的事。但遗憾的是，详细的分析指出：7.1% 的次级运动在回调到其前期主要趋势运动的 10% 至 25% 时就结束了；25.4% 的次级运动在回调了 25% 至 40% 后结束；18.8% 的次级运动在回调了 40% 至 55% 后结束；26.7% 的次级运动在回调了 55% 至 70% 后结束；8.5% 的次级运动是在回调了 70% 至 85% 后结束；还有 14% 的次级运动是在回调超过了 85% 后才结束。

在考虑次级反应运动时，时间因素经常是有用的，因为有 73% 的次级运动是在 55 个交易日内完成的，其中又有 60% 的次级运动是在 25 至 55 天内结束。

表1 重要的主要趋势运动和次级反应运动：
道琼斯工业股票平均价格指数

	日期	价格指数
下跌运动	1897年4月19日	38.49
上升运动	1897年9月10日	55.84
下跌运动	1897年11月8日	45.65
上升运动	1898年2月5日	50.23
下跌运动	1898年3月25日	42.00
上升运动	1898年6月2日	53.36
下跌运动	1898年6月15日	50.87
上升运动	1898年8月26日	60.97
下跌运动	1898年10月19日	51.56
上升运动	1899年4月25日	77.28
下跌运动	1899年5月31日	67.51
上升运动	1899年9月5日	77.61
下跌运动	1899年12月18日	58.27
上升运动	1900年2月5日	68.36
下跌运动	1900年6月23日	53.68
上升运动	1900年8月15日	58.90
下跌运动	1900年9月24日	52.96
上升运动	1900年11月20日	69.07
下跌运动	1900年12月8日	63.98
上升运动	1900年12月27日	71.04
下跌运动	1901年1月19日	64.77

续表 1

	日期	价格指数
上升运动	1901 年 5 月 1 日	75.93
下跌运动	1901 年 5 月 9 日	67.38
上升运动	1901 年 6 月 17 日	78.26
下跌运动	1901 年 8 月 6 日	69.05
上升运动	1901 年 8 月 26 日	73.83
下跌运动	1901 年 12 月 12 日	61.61
上升运动	1902 年 4 月 24 日	68.44
下跌运动	1902 年 11 月 15 日	59.57
上升运动	1903 年 2 月 16 日	67.70
下跌运动	1903 年 8 月 8 日	47.38
上升运动	1903 年 8 月 17 日	53.88
下跌运动	1903 年 10 月 15 日	42.25
上升运动	1904 年 1 月 27 日	50.50
下跌运动	1904 年 3 月 12 日	46.41
上升运动	1904 年 12 月 5 日	73.23
下跌运动	1904 年 12 月 12 日	65.77
上升运动	1905 年 4 月 14 日	83.75
下跌运动	1905 年 5 月 22 日	71.37
上升运动	1906 年 1 月 19 日	103.00
下跌运动	1906 年 7 月 13 日	85.18
上升运动	1906 年 10 月 9 日	96.75
下跌运动	1907 年 3 月 25 日	75.93
上升运动	1907 年 5 月 3 日	85.02

续表 2

	日期	价格指数
下跌运动	1907年8月21日	69.26
上升运动	1907年9月6日	73.89
下跌运动	1907年11月22日	53.08
上升运动	1908年1月14日	65.84
下跌运动	1908年2月10日	58.80
上升运动	1908年5月18日	75.12
下跌运动	1908年6月23日	71.70
上升运动	1908年8月10日	85.40
下跌运动	1908年9月22日	77.07
上升运动	1908年11月13日	88.38
下跌运动	1909年2月23日	79.91
上升运动	1909年8月14日	99.26
下跌运动	1909年11月29日	95.89
上升运动	1909年12月29日	99.28
下跌运动	1910年2月8日	85.03
上升运动	1910年3月8日	94.56
下跌运动	1910年7月26日	73.62
上升运动	1910年10月18日	86.02
下跌运动	1910年12月6日	79.68
上升运动	1911年6月19日	87.06
下跌运动	1911年9月25日	72.94
上升运动	1912年4月26日	90.93
下跌运动	1912年7月12日	87.79

续表3

	日期	价格指数
上升运动	1912年9月30日	94.15
下跌运动	1913年3月20日	78.25
上升运动	1913年4月4日	83.19
下跌运动	1913年6月11日	72.11
上升运动	1914年2月3日	83.19
下跌运动	1914年12月24日*	53.17
上升运动	1915年1月23日	58.52
下跌运动	1915年2月24日	54.22
上升运动	1915年4月30日	71.78
下跌运动	1915年5月14日	60.38
上升运动	1915年10月22日	96.46
下跌运动	1916年4月22日	84.96
上升运动	1916年11月21日	110.15
下跌运动	1917年2月2日	87.01
上升运动	1917年6月9日	99.08
下跌运动	1917年12月19日	65.95
上升运动	1918年2月19日	82.08
下跌运动	1918年4月11日	75.58
上升运动	1918年5月15日	84.08
下跌运动	1918年6月1日	77.93
上升运动	1918年9月3日	83.84
下跌运动	1918年9月11日	80.46
上升运动	1918年10月18日	89.07

续表4

	日期	价格指数
下跌运动	1919年2月8日	79.15
上升运动	1919年7月14日	112.23
下跌运动	1919年8月20日	98.46
上升运动	1919年11月3日	119.62
下跌运动	1919年11月29日	103.60
上升运动	1920年1月3日	109.88
下跌运动	1920年2月25日	89.98
上升运动	1920年4月8日	105.65
下跌运动	1920年5月19日	87.36
上升运动	1920年7月8日	94.51
下跌运动	1920年8月10日	83.20
上升运动	1920年9月17日	89.95
下跌运动	1920年12月21日	66.75
上升运动	1921年5月5日	80.03
下跌运动	1921年6月20日	64.90
上升运动	1921年8月2日	69.95
下跌运动	1921年8月24日	63.90
上升运动	1921年9月10日	71.92
下跌运动	1921年10月17日	69.46
上升运动	1921年12月15日	81.50
下跌运动	1922年1月10日	78.59
上升运动	1922年5月29日	96.41
下跌运动	1922年6月12日	90.73

续表 5

	日期	价格指数
上升运动	1922 年 9 月 11 日	102.05
下跌运动	1922 年 9 月 30 日	96.30
上升运动	1922 年 10 月 14 日	103.43
下跌运动	1922 年 11 月 27 日	92.03
上升运动	1923 年 3 月 20 日	105.38
下跌运动	1923 年 5 月 21 日	92.77
上升运动	1923 年 5 月 29 日	97.66
下跌运动	1923 年 7 月 31 日	86.91
上升运动	1923 年 8 月 29 日	93.70
下跌运动	1923 年 10 月 27 日	85.76
上升运动	1924 年 2 月 6 日	101.31
下跌运动	1924 年 5 月 20 日	88.33
上升运动	1924 年 8 月 20 日	105.57
下跌运动	1924 年 10 月 14 日	99.18
上升运动	1925 年 1 月 22 日	123.60
下跌运动	1925 年 3 月 30 日	115.00
上升运动	1926 年 2 月 13 日	162.08
下跌运动	1926 年 3 月 30 日	135.20
上升运动	1926 年 8 月 14 日	166.64
下跌运动	1926 年 10 月 19 日	145.66
上升运动	1927 年 5 月 31 日	172.96
下跌运动	1927 年 6 月 27 日	165.73
上升运动	1927 年 10 月 3 日	199.78
下跌运动	1927 年 10 月 22 日	179.78

续表 6

	日期	价格指数
上升运动	1928 年 1 月 3 日	203.35
下跌运动	1928 年 2 月 20 日	191.33
上升运动	1928 年 6 月 2 日	220.96
下跌运动	1928 年 6 月 18 日	201.96
上升运动	1928 年 9 月 7 日	241.72
下跌运动	1928 年 9 月 27 日	236.87
上升运动	1928 年 11 月 28 日	295.62
下跌运动	1928 年 12 月 8 日	257.33
上升运动	1929 年 2 月 5 日	322.06
下跌运动	1929 年 3 月 25 日	297.05
上升运动	1929 年 5 月 4 日	327.08
下跌运动	1929 年 5 月 27 日	293.42
上升运动	1929 年 9 月 3 日	381.17
下跌运动	1929 年 11 月 13 日	198.69
上升运动	1930 年 4 月 17 日	294.07
下跌运动	1930 年 6 月 24 日	211.84
上升运动	1930 年 9 月 10 日	245.09
下跌运动	1930 年 12 月 16 日	157.51
上升运动	1931 年 2 月 24 日	194.36
下跌运动	1931 年 6 月 2 日	121.70
上升运动	1931 年 6 月 27 日	156.93
下跌运动	1931 年 10 月 5 日	86.48
上升运动	1931 年 11 月 9 日	116.79

* 当计算工业平均价格指数的股票数量由 12 种变成 20 种时，就人为地使工业平均价格指数的价格降低了 19.84 点。

表 2 牛市：道琼斯工业股票平均价格指数

趋势波段					次级反应运动		
起始时间	结束时间	历经交易日	趋势变化的点数	完成时间	历经交易日	回调的点数	回调点数占趋势变化点数的百分比（%）
1897年4月19日	1897年9月10日	144	17.33	1897年11月8日	59	10.17	58.6
1897年11月8日	1898年2月5日	89	4.58	1898年3月25日	48	8.23	179.5
1898年3月25日	1898年6月2日	69	11.36	1898年6月15日	13	2.49	21.9
1898年6月15日	1898年8月26日	72	10.10	1898年10月19日	54	9.41	93.2
1898年10月19日	1899年4月25日	188	25.72	1899年5月31日	36	9.77	38.0
1899年5月31日	1899年9月5日	97	10.10				
1900年9月24日	1900年11月20日	57	16.11	1900年12月8日	18	5.09	31.5
1900年12月8日	1900年12月27日	19	7.06	1901年1月19日	23	6.27	88.8
1901年1月19日	1901年5月1日	102	11.16	1901年5月9日	8	8.56	76.5
1901年5月9日	1901年6月17日	39	10.88				
1903年10月15日	1904年6月27日	104	8.25	1904年7月12日	44	4.09	49.6
1904年3月12日	1904年12月5日	268	26.82	1904年12月12日	7	7.46	27.8
1904年12月12日	1905年4月14日	123	17.98	1905年5月22日	38	12.38	69.0

续表1

趋势波段				次级反应运动			
起始时间	结束时间	历经交易日	趋势变化的点数	完成时间	历经交易日	回调的点数	回调点数占趋势变化点数的百分比(%)
1905年5月22日	1906年1月19日	242	31.63	1908年2月10日	27	7.04	55.4
1907年11月22日	1908年1月14日	53	12.76	1908年6月23日	36	3.42	20.9
1908年2月10日	1908年5月18日	97	16.32	1908年9月22日	43	8.33	60.8
1908年6月23日	1908年8月10日	48	13.70	1909年2月23日	102	8.47	74.9
1908年9月22日	1908年11月13日	52	11.31				
1909年2月23日	1909年8月14日	172	19.35	1912年7月12日	77	2.96	16.5
1911年9月25日	1912年4月26日	213	17.99	1915年2月24日	32	4.30	80.4
1912年7月12日	1912年9月30日	80	6.18	1915年5月14日	14	11.40	64.9
1914年12月24日	1915年1月23日	30	5.35	1916年4月22日	182	11.50	31.8
1915年2月24日	1915年4月30日	65	17.56				
1915年5月14日	1915年10月22日	161	36.08	1918年4月11日	51	6.50	40.3
1916年4月22日	1916年11月21日	213	25.19				
1917年12月19日	1918年2月19日	62	16.13				

续表 2

趋势波段				次级反应运动		
起始时间	结束时间	历经交易日	趋势变化的点数	完成时间	历经交易日	回调的点数	回调点数占趋势变化的百分比(%)
1918年4月11日	1918年5月15日	34	8.46	1918年6月1日	17	6.11	72.3
1918年6月1日	1918年9月3日	94	5.91	1918年9月11日	8	3.38	57.2
1918年9月11日	1918年10月18日	37	8.61	1919年2月8日	113	9.92	115.1
1919年2月8日	1919年7月14日	156	33.08	1919年8月20日	37	13.77	41.6
1919年8月20日	1919年11月3日	75	21.16				
1921年8月24日	1921年9月10日	17	8.02	1921年10月17日	37	2.46	30.7
1921年10月17日	1921年12月15日	59	12.04	1922年1月10日	26	2.91	24.2
1922年1月10日	1922年5月29日	139	17.82	1922年6月12日	14	5.68	31.8
1922年6月22日	1922年10月14日	14	7.13	1922年11月27日	44	11.40	160.0
1922年11月27日	1923年3月20日	113	13.35				
1923年10月27日	1924年2月6日	102	15.55	1924年5月20日	103	12.98	83.4
1924年5月20日	1924年8月20日	92	17.24	1924年10月14日	55	6.39	37.1
1924年10月14日	1925年1月22日	100	24.42	1925年3月30日	67	8.60	35.2

续表3

趋势波段					次级反应运动		
起始时间	结束时间	历经交易日	趋势变化的点数	完成时间	历经交易日	回调的点数	回调点数占趋势变化点数的百分比（%）
1925年3月30日	1926年2月13日	320	47.08	1926年3月30日	45	26.88	56.3
1926年3月30日	1926年8月14日	137	31.44	1926年10月19日	66	20.98	66.6
1926年10月19日	1927年5月31日	224	27.30	1927年6月27日	27	7.23	26.4
1927年1月27日	1927年10月3日	98	34.05	1927年10月22日	19	20.00	58.6
1927年10月22日	1928年1月3日	73	23.57	1928年2月20日	48	12.02	51.2
1928年2月20日	1928年6月2日	102	29.63	1928年6月18日	16	19.00	64.1
1928年6月18日	1928年9月7日	81	39.76	1928年9月27日	20	4.85	12.4
1928年9月27日	1928年11月8日	62	58.75	1928年12月8日	10	38.29	65.4
1928年12月8日	1929年2月5日	59	64.73	1929年3月25日	48	24.56	37.9
1929年3月25日	1929年5月4日	40	29.58	1929年5月27日	23	33.66	114.0
1929年5月27日	1929年9月3日	99	87.75				

表 3 熊市：道琼斯工业股票平均价格指数

趋势波段				次级反应运动		
起始时间	结束时间	历经交易日	趋势变化的点数	完成时间	历经交易日	回调的点数	回调点数占趋势变化点数的百分比（%）
1899年9月5日	1899年12月18日	104	19.34	1900年2月5日	49	10.09	51.7
1900年2月5日	1900年6月23日	138	14.68	1900年8月15日	53	5.22	35.6
1900年8月15日	1900年9月24日	40	5.94				
1901年6月17日	1901年8月6日	50	9.21	1901年8月26日	20	4.78	51.9
1901年8月26日	1901年12月12日	108	12.22	1902年4月24日	133	6.83	55.9
1902年4月24日	1902年12月15日	235	8.77	1903年2月26日	63	8.13	92.7
1903年2月16日	1903年8月8日	173	20.32	1903年8月17日	9	6.50	31.5
1903年8月17日	1903年10月15日	59	11.63				
1906年1月19日	1906年7月13日	175	17.82	1906年10月9日	88	11.57	64.9
1906年10月9日	1907年3月25日	167	21.36	1907年5月3日	39	9.63	45.2
1907年5月3日	1907年8月21日	110	15.77	1907年9月6日	16	4.64	29.5
1907年9月6日	1907年11月22日	77	20.81				
1909年8月14日	1909年11月29日	107	3.37	1909年12月29日	30	3.39	100.6

续表 1

趋势波段					次级反应运动			
起始时间	结束时间	历经交易日	趋势变化的点数	完成时间	历经交易日	回调的点数	回调点数占趋势变化点数的百分比（%）
1909年12月29日	1910年2月10日	41	14.25	1910年3月8日	28	9.53	66.9
1910年3月8日	1910年7月26日	140	20.94	1910年10月18日	84	12.40	58.5
1910年10月18日	1910年12月6日	49	6.34	1911年6月19日	195	7.38	116.5
1911年6月19日	1911年9月25日	98	14.12				
1912年9月30日	1913年3月20日	171	15.90	1913年4月4日	15	4.94	31.1
1913年4月4日	1913年6月11日	68	11.08	1914年2月3日	237	11.08	100.0
*1914年2月3日	1914年12月24日	324	10.80				
1916年11月21日	1917年2月2日	73	23.14	1917年6月9日	127	12.07	52.2
1917年6月19日	1917年12月19日	135	33.13				
1919年11月3日	1919年11月29日	26	16.02	1920年1月3日	635	6.28	39.2
1920年1月3日	1920年2月25日	53	19.90	1920年4月8日	42	15.67	78.7
1920年4月8日	1920年5月19日	41	18.29	1920年7月8日	50	7.15	39.1
1920年7月8日	1920年8月10日	33	11.31	1920年9月17日	38	6.75	59.6

续表 2

趋势波段				次级反应运动		
起始时间	结束时间	历经交易日	趋势变化的点数	完成时间	历经交易日	回调的点数	回调点数占趋势变化点数的百分比（%）
1920年9月17日	1920年12月21日	95	23.20	1921年5月5日	135	13.28	56.6
1921年5月5日	1921年6月20日	46	15.13	1921年8月2日	43	5.05	33.4
1921年8月2日	1921年8月24日	22	6.05				
1923年3月20日	1923年5月21日	62	12.61	1923年5月29日	8	4.89	38.8
1923年5月29日	1923年7月31日	63	10.75	1923年8月29日	29	6.79	63.2
1923年8月29日	1923年10月27日	59	7.94				
1929年9月3日	1929年12月13日	71	182.48	1930年4月17日	155	95.38	52.3
1930年4月17日	1930年6月24日	68	82.23	1930年9月10日	78	33.25	40.4
1930年9月10日	1930年12月16日	97	87.58	1931年2月24日	70	36.85	42.1
1931年2月24日	1931年6月2日	98	72.66	1931年6月27日	25	35.23	48.5
1931年6月27日	1931年10月5日	100	70.45	1931年11月9日	35	30.31	43.0
1931年11月9日	1932年1月5日	57	45.55				

* 当计算工业平均价格指数的股票数量由 12 种变成 20 种时，就人为地使工业平均价格指数的价格降低了 19.84 点。

第十一章

日间波动

仅仅依据一天的平均价格指数运动来进行推论，是没有价值的，而且肯定会得出误导性的结论。只有市场形成了线态窄幅区间盘整形态后，日间波动才有一些判断价值。但是无论如何，一定要记录每日的平均价格指数运动并仔细研究，因为一系列的每日走势图可能会形成易于识别、可以帮助预测市场价值的模式。

市场中单日的平均价格指数和成交量并没有多大意义，可是我们永远都不要忽视每日市场价格，因为我们要在价格走势图形中对整个价格结构形态进行学习和研究，而正是每天的日间价格波动本身构成了这个价格走势图形，使这些图形具有明确的预测价值。一段钢材不能建造一座桥梁，可是每一位工程师都知道，这段钢材一定是桥梁完整结构中的确定组成部件。

当市场已经在相当长的时间里进行线态窄幅区间盘整时，日间的波动就很有意义了，而且与道氏理论的应用有直接联系，关于这方面的内容将在后面的章节中讨论。可是，除了上面这种例外，依据每天的平均价格指数来进行推论，几乎肯定会被误导得出错误结论。交易者如果用这样的方法得出结论，只能算是猜测而已，并非是对道氏理论的合理应用，虽然他们总会为自己的失败而责备道氏理论。汉密尔顿经常宣称："股票市场价格的日间波动是没有逻辑性的。"（1929年7月29日）然而，对于那些坚持使用日间波动进行推测的人们——这种人在市场上有很多——能从汉密尔顿下面的话中得到一些鼓励："市场的日间波动偶尔也会提供一定的帮助。"（1910年8月30日）然而，汉密尔顿告诉我们，道氏理论一般是忽视单日价格波动的。

第十二章
两种平均指数必须相互确认

铁路和工业股票的平均价格指数运动一定总是一并考虑，一种平均价格指数必须用另一种指数确认后才有可能得出可靠的市场结论。如果只是根据其中一种平均价格指数的表现做出结论，而忽略了另一种平均价格指数的确认，这样的结论几乎肯定会是误导性的错误结论。

道氏理论最有用的部分，必须每天都要牢记的，就是只有当股价的运动得到了两个平均价格指数运动的确认时，才有思考它的价值。许多声称理解道氏理论的人，如果碰巧是在交易工业类股票，就只会考虑工业股票的平均价格指数。有些人只研究一组平均价格指数图形，就声称能正确地解读价格运动。这样得出的结论有时候似乎也能证明是正确的，可是长此以往，这种推论方式必然会带来灾难。

有些研究者认为公用事业平均价格指数比铁路平均价格指数更具有解释意义，因为前一类的股票交易更活跃。在此作者并不想就这个问题进行争论，可是也许会相应地提出这样的问题："为什么不用铜矿股票平均价格指数？或者为什么不用一组汽车股票的平均价格指数呢？"对于那些提出关于利用公用事业平均价格指数是否可行的问题，最好的回答就是指出，经过实践证明，当应用于推测工业和公用事业平均价格指数变动时，道氏理论基本不怎么有效果。① 道氏理论是专门论述铁路和工业股票平均价格指数运动的，其他任何方法都不是汉密尔顿所阐述的道氏理论。

很难理解为什么道氏没有尽力解释两种平均价格指数必须互相确认的原因。市场波动在随后被证实是真正的结构变

---

① 没有利用公用事业股票平均价格指数的实际原因，是因为在公用事业领域，各个领先的部门之间存在着连锁关系，这种连锁关系会直接导致整个公用事业平均价格指数也许会受到某一两只个股情况的影响。

动时,两个平均价格指数总是互相确认的,道氏的理论是以上述现象的观察为基础的。当汉密尔顿在撰写《股市晴雨表》时,也忽略了对铁路平均价格指数总是需要工业平均价格指数进行确认的原因进行解释。如此一来,我们今天不妨冒昧地做一些简单的逻辑推理,以进行解释和说明。

让我们先想一下在经历过一段萧条时期后的经济发展周期情况。工厂依旧闲置;到处都有明显的失业,生活艰难。商品的库存很少,购买力大大降低,红利急剧减少;可人们依旧得吃饭穿衣,有更多的孩子出生,而机器设备在生锈,此时劳动成本极大地削减。终于,这样一天到来了,当钢铁公司的销售经理回顾行业报告时,发现虽然现在公司手上没有订单,可是将来市场上大量建造桥梁和公寓住宅都需要钢材,所以要提前考虑准备。销售经理就到主管处阐述这一情况,然后主管就会询问钢厂负责人,如果经济复苏,要多久才能使钢厂运转生产。而钢厂的负责人坚持说,只有更换高炉,才能增加产量。主管就会寻求董事会的批准,对设备进行更换和维修工作。砖、石灰和沙子经铁路运抵钢厂,同时工人被雇佣来更换高炉。铁路公司的运输经理又会向他的主管汇报钢铁公司的货运情况,并建议如果钢厂开始花费资金投入生产，就说明经济前景有所好转。然后铁路公司的主管会和他的主管人员讨论这些情况，决定检修矿石运输车，为拉矿石到高炉做准备。这样就意味着需要购买一些涂料和雇佣一些工人。工人们从维修高炉和维修矿石运输车的工作中获得了工资，这就意味着他们增加了一些购买力，会去购买皮鞋等物品，这样会大大减少零售商的存货。这多半意味着，制鞋工厂会收到新的订单，以皮鞋为例，制鞋工厂就需要更多的皮革和制革工，因此也需要更多的兽皮。接下来为了建造桥梁和公寓住宅，需要购买钢材，结果高炉点火，矿石开始运输。也许在其他的经济链条中，也有类似进展出现。现在按照钢铁公司发布的报表显示，公司并没有任何盈利，甚至上述订单中的运输吨位太小以至于可以忽略不计。然而不管怎样，铁路产业由于运输砖和矿石收到了现金，同时，生产活动的增长情况立刻就反映到铁路货运量和铁路的收益上。如果这样的思路听起来合理的话，按照逻辑，铁路股票价格即使没有提前于工业股票价格运动，也应该与它同时运动。购买的原材料必须要靠运输部门运送到工厂，而且，即使存在多家运输公司不断增加竞争，铁路还是在一个很容易被考虑的范围内。

要想有效地利用道氏理论，那么绝对要完全彻底地理解等待两种平均价格指数相互确认的必要性。因为这一点非常重要，即使重复性的言论会显得有些啰唆，最好还是广泛引用汉密尔顿对这个问题的论述。下面的文字节选自汉密尔顿多年所写的文章：

……道氏理论……规定两种平均价格指数要互相确认。这种情况在股市主要趋势运动的初期总会出现，可是当市场转而进入次级调整时，却不会持续存在。原因很简单，和《股市晴雨表》的保守思想是相一致的，《股市晴雨表》的题目之所以好，就是由于小心谨慎而非过分张扬。（1926年4月6日）

在次级运动中，工业类股票价格（和铁路组股票相分离）的运动也许会比铁路组股票的运动更为剧烈，也有可能是由铁路股票来引领次级运动。同时几乎不必多说，在主要趋势运动中，20种活跃的铁路股票和20种活跃的工业股票也不会同步调整，或者相互交替上涨。（《股市晴雨表》）

没有得到另一种平均价格指数确认的价格运动,道氏总是会选择忽视它。从道氏辞世以来,实践经验表明了该方法在解读平均价格指数时的明智之处。道氏理论认为,对于下跌的次级反应运动,当两个平均价格指数均下跌且超出前一期次级回调的低点时,可能最终主要趋势的重要起点就会建立了。(1928年6月25日)

对两种平均价格指数进行人为操纵绝非易事,而价格运动没有得到另一个平均价格指数的确认,其指示意义一般可以忽略。(1928年7月30日)

看来可以得出明显的结论,由于没有得到两种平均价格指数的确认,对商业前景的不确定性依然在持续……(1924年5月24日)

基于道氏理论对平均价格指数的理论,时常存在对股票价格运动的相关讨论,其中已经反复强调,单从一种平均价格指数中得出的结论,虽然有时很有意义,但很容易是假象;而从两种平均价格指数互相确认中得出的结论,具有最高的预期价值。

所以说，在两周前，当铁路平均价格指数单独攀升到新高点时，这只能说市场有可能出现牛市迹象。但是如果有工业平均价格指数跟随其后上升，就像现在这样，就为市场继续上升的趋势判断增加了正面的指示。（1922年7月24日）

……当两种平均价格指数不互相支持彼此的时候，平均价格指数总会容易给人造成假象。（1922年11月3日）

理解平均价格指数的方法中，有一个虽然有些消极却相当保险的规则。两种平均价格指数中，如果其中一种指数有所指示，并不比两种指数都没有表现强多少，两种平均价格指数必须相互确认……（1928年8月27日）

有一条可靠的经验，即两个平均价格指数必须互相确认，这也是为什么计算指数时是分两个不同类组进行计算，每组各20种股票，而不是选包含了40种各类股票的一组来计算。（1925年5月25日）

一种平均价格指数出现新高或者新低，但没有得到另一种平均价格指数的确认,这样的情况总是一种假象。其原因不难寻找,一组有价证券的行为会对另一组有影响。当铁路股票被抛售完毕,而如果工业类股票还有大量供给的话,就不会导致全部平均价格指数中的个股价格都上升。(1913年6月4日)

根据以往的经验,这些独立运动通常都是假象,可是一旦两种平均价格指数同时上升或下跌,对市场整体运动的预测指示可靠性就会很高。(1913年9月8日)

……当一种平均价格指数突破了前期的低点,但另一种指数却没有;或者,一种平均价格指数在短期的波动中创出了新高,但是却没有得到另一种平均价格指数的支持,那么根据这些现象所得出的结论,几乎总是虚假的。(1915年2月10日)

……单从一种平均价格指数得出结论,却没有得到另一种指数的确认,有时这样的结论会误导人们,所以应该总是谨慎对待……(1925年6月26日)

值得再次强调的是，除非两种平均价格指数同步运动，否则单独的指数运动是具有欺骗性的。（1915年6月9日）

根据道氏理论研究价格运动……（我们）不断地发现，20种铁路股票的平均价格指数和20种工业股票的平均价格指数必须相互确认，这样才能提供对市场的权威性预期。（1922年7月8日）

确实可以这样讲，一种平均价格指数创出新高或新低，若没有得到另一种平均价格指数的确认，总是具有欺骗性。自从这两种指标创建以来，在每一次主要趋势运动前两种平均价格指数总是同时出现新高或新低。（1921年5月10日）

当工业指数和铁路指数同时创新高时，这样的指示作用总是更强烈……（1919年7月16日）

当一种平均价格指数突破了线态窄幅区间盘整形态，但另一种平均价格指数却没有，这常常会误导人们。可是，如果两种平均价格指数同步完成，那么大量的经验一致认

为这对市场趋势具有指示作用。(1914年4月16日)

最容易犯错的方法之一,就是接受一种平均价格指数的标示,却没有得到另一种平均价格指数的明确确认。(《股市晴雨表》)

经验表明,主要趋势运动的低点或高点在同一天出现在两种平均价格指数中是没有必要的。若两种平均价格指数都确认,我们就认为市场已经反转,即使后来一种平均价格指数又出现新低点或新高点,但却没有得到另一种平均价格指数的同步确认。前期两种平均价格指数都出现的低点或高点可以被认为是市场转折的最佳代表。(《股市晴雨表》)

这个例子足以强调这样一个事实,两种平均价格指数在强度上会有所不同,可是在方向上却不会有太大的差异,尤其在主要趋势运动中更是如此。经过多年,平均价格指数的表现都证明了这条规则是相当可靠的。这条规则不仅适用于主要趋势运动,也适用于次级运动的回调或反弹。但是这条规则对日间波动不适用,应用到个股中可能会严重误导人们。(《股市晴雨表》)

平均价格指数的研究者将会发现，铁路和工业的平均价格指数在一段时间中停止了互相确认。这是因为美国参加了第一次世界大战之后，铁路立刻由联邦政府接管，这样，铁路就有了固定收入的保证。在那段时期，在铁路股票上的投机活动消失了，因为铁路股票有了固定收益，其波动变得和债券一样了。出于这个原因，在研究平均价格指数时，最好建议把这段时期排除在外。

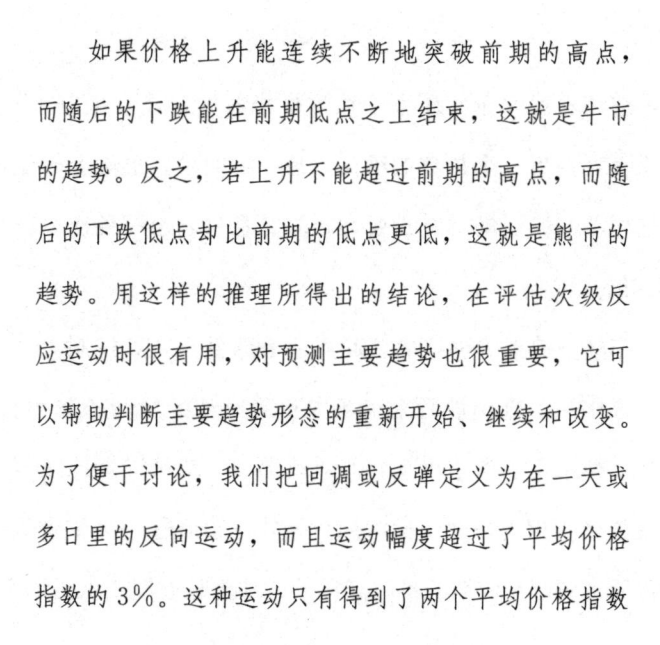

第十三章
确定趋势

　　如果价格上升能连续不断地突破前期的高点，而随后的下跌能在前期低点之上结束，这就是牛市的趋势。反之，若上升不能超过前期的高点，而随后的下跌低点却比前期的低点更低，这就是熊市的趋势。用这样的推理所得出的结论，在评估次级反应运动时很有用，对预测主要趋势也很重要，它可以帮助判断主要趋势形态的重新开始、继续和改变。为了便于讨论，我们把回调或反弹定义为在一天或多日里的反向运动，而且运动幅度超过了平均价格指数的3％。这种运动只有得到了两个平均价格指数在方向上的相互确认才可信。不过两个平均价格指数的确认，并不要求必须在同一天发生。

对于牛市中次级反应运动中上升浪的重要意义，汉密尔顿做出了如下解释："……在解读平均价格指数时，一个通过充分检验的规则是，只要次级反应运动的上升过程在两种指数中都创出新高，那么主要牛市趋势就会继续进行。这两种指数所创出的新高点，不一定出现在同一天，甚至不用出现在同一周，只要两种指数能互相确认即可。"（1921年12月30日）

应该永远牢记，单个平均价格指数的新高点或新低点，若没有得到另一个指数的确认，是一种假象。虽然有时能证明这样单一的运动具有重要性，但经常只表示一种次要特性的变化。

市场中被正确确认的新高点或者新低点，其控制力一直会发挥作用，直到被后来市场中正确确认的行为清除为止。例如，如果在牛市中出现新高点，那么，就可以据此预测牛市还会继续相当长的一段时间。另外，如果有一种平均价格指数后来回调到前期的最高点以下，甚至是前期的低点以下，可是另一种平均指数却没有做出相应的确认，那么就可以适当推断，前期的牛市趋势依然会起作用。汉密尔顿对此做出了如下解释："股市的晴雨表并不会每天总是发出指示。根据查尔斯·H.道的理论，一个指示在没有被另一个指示取代之前就会依然有效，或者以某种方式得到增强，例如当工业平均指数和铁路平均指数相确认时，反之亦然。"（1929年9月23日）

如果牛市中经过一次剧烈的次级反应运动之后，市场的反弹在合理的时间内却没能创出新高点，并且还进一步猛烈地下跌，甚至跌破到前期次级反应运动的低点以下，一般来讲，我们就可以稳妥地认为主要趋势已经从牛市转变到熊市了。相反的，在熊市中，当下跌趋势导致两种平均价格指数均创出新低点时，重要的次级反应运动就会来到。可是如果在反弹后的再次下跌中，两种平均价格指数没有创出新低，同时如果随后两种平均价格指数的上升还超过了前一次重要次级反弹的最高点，那么我们就可以推断，主要趋势已经由熊市转变成牛市了。考察了超过35年的平均价格指数图后，只发现了几次与上面这条规则相悖的情况。

许多交易者试图在小的调整运动中应用上述规则，却忘记了一般的次级反应运动会持续3～12周，回调会恢复到从上一次重大次级反应运动之后，主要趋势变动幅度的1/3至2/3之间。对于要想完全理解小的上升和下跌运动意义的研究者，最好的方法是从过去所有的平均价格指数记录中研究日间波动。

根据汉密尔顿的评论："道氏总是忽略单一的、没有得到另一种平均价格指数确认的运动。从道氏去世到现在，经验表明用这种方法来解读平均价格指数是明智之举。对于道氏理论而言，趋势向下的次级反应运动也许最终会成为主要趋势，其重要意义只有当两种平均价格指数都下跌到前一期次级反应运动的低点之下时，才能确定。"（1928年6月25日）

清楚地解释上升和下跌的意义总是会很难，正确地理解价格上涨和下跌与前期相似运动的不同，在利用平均价格指数作为预测工具时，这才是至关重要的。虽然只是叙述上有差别，但其实是重复的论调，再次引用汉密尔顿的话也许不失为明智之举："在每日运动中，当发生了一系列的上升和下跌时，又总是得到铁路和工业两个平均价格指数的确认，并且上升立刻冲破了前期的高点，而下跌没能跌破近期的低点，那么这样的情况表示近期具有上升的迹象，却不一定就能指示出主要趋势是牛市。"

在牛市中，如果在一系列上升和下跌中，两种平均价格指数均冲破了前期达到的高点，就可以稳妥地推论牛市还会持续相当长的一段时间。相反地说，在连续的上升和下跌运动中，如果上升的最高点没能冲破最近的前一期高点，随后的下跌又跌到了前一期的低点之下，这就表示近期市场具有下跌的特征，但并不一定意味着主要趋势是熊市。另一方面，如果一系列的上升和下跌突破了熊市的最低点，一般合理的推论是指数价格还会有更低的可能性。如果牛市中的下跌运动跌到了上次主要次级反应运动的最低点以下，一般就可以假定主要趋势已经从牛市转变到熊市。当然，反过来讲，通常这也是一个用来确定何时熊市趋势运动已经改变，牛市即将开始的可靠方法。

例外的情况偶尔会被发现，这也是合理的，否则，这些规则就会形成一套击败市场的确定方法。当然，这样一来很快会导致市场消失。

第十四章
线态窄幅区间盘整

一个线态窄幅区间盘整的形态，一般持续2~3周，或者更长的时间。在此期间内，两种平均价格指数的价格变化仅仅在大约5％的窄幅区间范围内进行。这样的运动表示市场在聚集或者释放。如果两个平均价格指数同时向上突破线态窄幅区间盘整的区间，就表明市场是处在聚集阶段，价格会走得更高；反之亦然。如果同时向下突破线态窄幅区间盘整的区间，就表明市场是在释放，价格肯定会继续下跌。但是如果结论只是从一种平均价格指数的运动得出，却没有得到另一个平均价格指数的确认，所得结论一般是错误的。

道氏理论关于"线态窄幅区间盘整"这部分内容，已经证明是相当的可靠，以至于几乎可以称之为公理而不是定理。可是，线态窄幅区间盘整并不是频繁发生，因此难以让大多数交易者满意，结果很多努力寻找这种形态的人，把其他图形误认为线态窄幅区间盘整，而实际上根本不存在。另外，许多交易员坚持从单一的平均价格指数的线态窄幅区间盘整中得出结论，而并没有得到另一个平均价格指数的确认——这是一种非常危险的行为。还有其他一部分人，当看到一个线态窄幅区间盘整形成时，就尝试去猜测平均价格指数将要突破的方向，然后买进股票紧抓在手里，也不管也许后续事实会证明他们的判断是错误的。"事实上，当市场在形成线态窄幅区间盘整时，世界上最难的事就是说出其本质上是买进或是卖出。其实在此时，囤积和抛售（股票）都在进行，没有人能说出哪一方最终会形成市场最大的力量。"（1922年5月22日）

有人坚持要用精确的数字来解释线态窄幅区间盘整的时间区间以及波动幅度，但是这种做法不会成功。价格变化的允许范围要与前期的投机活动联系在一起考虑，还要和前期价格波动程度的剧烈与否进行比较。这就是要成功地应用道氏理论进行投机必须将艺术和科学相结合的原因之一。任何人如果试图用精确的数字来阐释道氏理论，那就像一位要切除病人阑尾的外科医生一样，不论病人的年龄、性别、身高和体形，都在离脚背 38 英寸、深 2 英寸的地方进行阑尾切除手术。

汉密尔顿曾说过，线态窄幅区间盘整的突破，至少指明了市场次级反应运动方向的改变，有时甚至还会指明市场主要趋势方向发生变化。

在对线态窄幅区间盘整的讨论中，下面引用的一些片段，比较精确地定义了线态窄幅区间盘整的区间高度。我们应该注意的是，汉密尔顿的这些评论是多年以前写的，当时的平均价格指数基本都还在 100 点以下。在本章的后部分，将要引用当平均价格指数已经远远高于早些年的价位水平时，汉密尔顿对线态窄幅区间盘整的相关评价。

汉密尔顿早期的一个典型的关于线态窄幅区间盘整的评论如下：

仔细观察平均价格指数，就会发现一些时期中，平均价格指数持续几周都在做窄幅的波动。例如，工业指数是在 70 至 74 之间波动，铁路指数在 77 至 73 之间波动。从技术上讲，市场正在形成线态窄幅区间盘整，而且经验显示这一时期中市场或者在进行抛售，也或者是在囤积股票。当两种平均价格指数升到盘整区间的高点之上时，就展示了很强的上升势头。这可能意味着熊市中的次级运动，而在 1921 年，却意味着 1922 年才姗姗来迟的牛市趋势的开始。

可是，如果两个平均价格指数运动向下突破了盘整区间的下限，很明显股票市场已经达到了气象学家所说的"饱和点"，降雨随之而来——这可能是牛市中的次级回调运动，也可能像 1919 年 10 月的市场那样，是熊市趋势的开端。（《股市晴雨表》）

几年前，他是这么表述"线态窄幅区间盘整"的：

在股票市场的多年经验，运用查尔斯·H.道的理论对股市运动的检验，教会了研究者们正确领悟关于平均价格指数的线态窄幅区间盘整的重大意义。要想从该图形中获得真正有价值的结论，需要具备严格的条件：工业和铁路平均价格指数要互相确认；盘整的时间一定要足够长，这样才能结合成交量做出真正的检验；其间市场的日间波动幅度要非常之窄，低于4点的范围。只有满足了这些条件，才能对窄幅盘整做出重要的推论判断。（1922年5月8日）

随后是另外一种解释：

我们可以从一些例子中得到满足，一段时期内进行的窄幅区间交易——我们称之为"线态窄幅区间盘整"——其重要性随着交易日的增加与日俱增，这意味着市场在囤积或者抛售股票，随后的价格运动就会表现出市场中的股票是变得稀缺了，还是由于过分供给而达到了饱和。（《股市晴雨表》）

1909年3月17日，汉密尔顿评论道："在3月3日和3月13日之间，净变化不超过1%的3/8。这样奇怪的锯齿形运动非常少见，而且常常出现在市场整体趋势发生变化之前。"这次，在两种平均价格指数突破线态窄幅区间盘整的上边界后，价格上升幅度达到了 29%。

正如汉密尔顿所指出的那样,有时从缺乏价格波动的市场也能得出有用的推论:

> 当股票的平均价格指数只是在做很微小的波动时,我们依然有可能从这种情况下得出有用的推论。在这种情形下,这些结论对"那些待在场外等待机会的人也有价值"。(1910 年 9 月 20 日)

有关线态窄幅区间盘整预测价值有效性的持续时期,汉密尔顿曾经做出如下表述:

> 以前的经验教会我们,在市场顶部的线态窄幅盘整区间向下被突破后,此时工业和铁路两组平均价格指数都是如此,那就只有等上一个市场高点被再次达到后,我们才能认为平均价格指数显示了牛市的迹象。(1911 年 3 月 6 日)

1911 年 5 月 4 日到 7 月 31 日,市场形成了一个完美的线态窄幅区间盘整。当线态窄幅盘整区间的底边被突破后，随后是猛烈的下跌，后来这被证实是熊市的结束。当这个线态窄幅区间盘整形成时，汉密尔顿写道：

一个长时间的线态窄幅区间盘整，例如平均价格指数在过去6周所表现的，再加上有限的成交量，这些表现出一种或两种含义：或者是股票在新的高位已经被成功地抛售；或者是股票已经被大量地囤积，而且由于收购量之大，足以让相信股价会上升的观点成为主流的市场观点。（1911年7月14日）

1912年1月17日，当时线态窄幅区间盘整形成后，随后几个月是几乎没有间断的攀升。这时汉密尔顿写道：

非常惊人，20种活跃的铁路股票的平均价格指数在115至118点之间波动；而同时期的工业平均价格指数是在最大值82.48点到最小值79.19点之间波动。这是一个明显的线态窄幅区间盘整的持续状态，市场在囤积或者抛售股票。这个状态是在我前一期对价格运动的评论文章刊登时的前一周建立起来的。这样的窄幅波动,对于有经验的平均价格指数研究者来讲,意味着无论随后的市场运动是什么方向,都会是重要的剧烈波动。如果长时间内价格波动暂停,价格没有上升,那是为了方便收购股票,其结果应该不久就会显现出来,两种平均价格指数都会向上突破线态窄幅区间的上边限。请注意线态窄幅区间盘整在市场中的含义,并不是指严格的"只有长度没有宽度的直线",它是指有长度也有一点宽度——在铁路股票指数中宽度小于3点,在工业股票指数中宽度比3点略多一点点。

因为线态窄幅区间盘整有时会让人迷惑,读汉密尔顿在1913年9月8日的评论会有所帮助:

就两种平均价格指数而言,已经接近一个月,其价格波动的范围就是2点略多一点。8月28日,工业股票平均价格指数上升超过其线态窄幅区间盘整的上限,可是铁路股票平均价格指数却没有确认表现。9月3日,铁路股票平均价格指数突破了线态窄幅区间的下限,可是工业股票平均价格指数却挺住了。这种情况对于平均价格指数的研究者来说应待在场外观望，特别是当两种平均价格指数都回到原来的窄幅盘整范围内时。无论两种价格指数同时从哪个方向突破窄幅盘整，特别是对于向下突破而言，根据以前的经验，这将对股市未来的走势给出重要指引。（1913年9月8日）

汉密尔顿在1914年写过很多关于线态窄幅区间盘整的评论。他明显地觉得牛市应该会继续进行，但是他看到线态窄幅区间盘整坚持显示股市在抛售。在之后的几年，汉密尔顿总是坚持认为，市场中的这些线态窄幅区间盘整形态表示德国人在为世界大战做准备而在抛售美国证券。下面从汉密尔顿1914年4月16日所写的文章中节选的段落，具有代表意义：

> 4月14日之前的70个交易日里，12种工业股票的平均价格指数没有超过84点，也没有低于81点；而在那之前的40天里，20种活跃的铁路股票平均价格指数从来没有超过106点，也没有低于103点。比较《华尔街日报》的记录，这两种平均价格指数都在3点的区间内波动，并

且同时在 4 月 14 日突破了线态窄幅区间的下限。

根据所有对平均价格指数的前期经验，市场表现出了非常萧条的熊市氛围，以至于我们可以认为早在 1912 年 10 月开始的熊市趋势又将重启。

研究者被警告到，只有一种平均价格指数的线态窄幅区间盘整是没有预测价值的。汉密尔顿曾写道：

……所有过去对平均价格指数的经验表明，除非线态窄幅区间盘整同时出现在工业和铁路两种平均价格指数中，否则是非常容易迷惑人的。（1916 年 3 月 20 日）

在 1926 年平均价格指数处于高位时，汉密尔顿认识到了需要放松线态窄幅区间盘整界限的必要性，并宣布：

在这里应该说的是，考虑到平均价格指数的高价位，尤其是工业组平均价格指数的高位，我们对规定线态窄幅区间盘整的界限上应该允许有更大的范围。（1926 年 10 月 18 日）

汉密尔顿把 1929 年春季的市场运动等同于一场线态窄幅区间盘整，从汉密尔顿在 1929 年 7 月 1 日讨论价格运动的文章的片段可以看出，文字如下：

> 将会明显看到，市场剧烈而广泛的波动，特别是工业平均价格指数的波动，已经实际上进入了股票的抛售时期，这与平均价格指数在低价位时所形成的线态窄幅区间盘整并非完全不同。线态窄幅区间盘整可能意味着股票的收购或者卖出，而无论是向什么方向的突破，过去的历史记录表明，这会导致市场的重要变动。现在，在如此高的点位，唯一可以预见的是，市场在售卖时期会在更宽阔的区域里波动。当两种平均价格指数攀升到这个区域之上，就清楚地表明大量的股票不但被售卖掉，还被有效地吸收了，推测可能是投资者和能为他们购买股票出资金的人，把股票从市场中买走了。（1929 年 7 月 1 日）

对研究者来说，研究这一时期（指 1929 年）的日间波动也是十分有趣的。1929 年 9 月，刚好是在后期牛市到达高点之后，但当时只有极少数交易者预计到震惊世界的崩盘将要来到。汉密尔顿当时发现了一个线态窄幅区间盘整形态,当时铁路和工业平均价格指数在顶部价格的10%之内波动。1929年9月23日,汉密尔顿在《巴伦周刊》上发表了他的看法。汉密尔顿在文章中讲道:

  虽然对道氏理论原理的合理性没有质疑,可是随着工业平均价格指数达到300以上,就需要期望更广泛的灵活性。在他(道氏)的年代,平均价格指数形成了他所谓的"线态窄幅区间盘整",其波动幅度在几周内都在3点的范围之内……可是,现在的工业平均价格指数处在高价位,可以确定地设想售卖和购买股票的价位范围要变宽些。

  根据本书作者的观点,认真研究线态窄幅盘整的区间宽度和成交量之间的关系,将会是有趣的和有用的;利用服务中的股票报价机数据或许能发现它们之间更好的联系。市场的力量在很大程度上由股票的整体成交量所代表,力量越大,由此而产生的行动和反作用就越大。我们已经注意到线态窄幅区间盘整有这样的倾向,在接近牛市的顶部时,其区间范围会变宽,而且成交量也会变大;另一方面,在靠近市场的底部，或市场处于交易的沉寂期时，市场中的线态窄幅盘整的区间会相应地变窄。

第十五章
成交量与价格运动的关系

当市场处于超买状态时，就会上升乏力，而下跌活跃有动力；反之，当市场处于超卖状态时，就会下跌乏力，而上升活跃有动力。牛市会开始于相对较低的成交量，而在一段时期后终结于过度的成交量。

关于市场活动与价格运动的关系，汉密尔顿的文章中有很多自相矛盾的说法。他反复地告诉读者，除了平均价格指数运动，其他均可不予考虑，平均价格指数甚至反映和评价了股市活动。但是，多年来汉密尔顿似乎一直在运用成交量进行预测。特别是他通过比较交易活动所得出的结论，看起来都是经过他深思熟虑之后的结果并且事实证明是有效的。

因为有可能使读者感到困惑，最好还是先引用汉密尔顿关于否认成交量好处的言论，再展示他不断地使用成交量这个指标来对他的问题进行概括总结，从而得出结论。

……应该说，平均价格指数，就其本质而言反映了一切。呆滞和不活跃只是一种特征，是被平均价格指数许可的一种现象，正如市场活动、意外消息、股利和其他一切对市场价格波动有影响的因素。这就是成交量在这些研究中被忽略的原因。在25年的道琼斯公司平均价格指数的价格运动记录中，成交量与价格趋势的关系，鲜少被觉察。（1913年6月4日）

平均价格指数看来好像要上升了，虽然一些研究者也许会质疑，因为成交量太小，降低了这种变化出现的重要性。然而，现在的趋势已经明显是牛市了。至于成交量，包括其他一切需要考虑的因素，在这样的一些研究中，我们还是忽略为好，因为对于任何时期中相对长期的大型价格运动而

言，（这些因素）都是可以不予考虑的。（1911年4月5日）

1911年1月5日，汉密尔顿写道："在这些研究中，我们最好还是不考虑成交量和交易的特征，相信平均价格指数本身已经绝对公平地接收了这些因素的影响，同时也接收一系列的事故、交易条件状况、资金市场的情绪、投机公众的性情，甚至投资需求的特征等因素的影响。"可在前一年的10月18日，汉密尔顿说："这次上升的一个显著特点，就是随着连续的每日价格的上升，成交量不断增加。这样的价格运动，会在一天或两天中出现显著的巨额放量交易而达到顶峰。可是，对平均价格指数的分析，实质上反映了所有这些因素和其他因素。"十分有意思的是，汉密尔顿的后一段论述，出现了和前一段论述自相矛盾的说法。很明显汉密尔顿还是受到了成交量的影响，虽然他同时声称平均价格指数消化了市场活动的重要性。

作者试着猜想，汉密尔顿之所以会在这样重要的问题上有如此态度，其原因之一是他没有相关的数据资料来研究市场与价格运动之间的关系。这样的推断从他在1910年写的文章片段中来看是合理的："我们发现有很多论断都认为需要同时考虑成交量与平均价格指数运动,可是在实际操作中,这种方法存在缺陷。要使任何这样的数据比较方法有价值,就需要对长达四分之一个世纪的时间中的每日成交量数据进行分析,这时,我们也许就能发现平均价格指数本身,迟早都会消化成交量的影响,就如同消化其他因素影响一样。"关于这一点,在汉密尔顿的《股市晴雨表》中,你会有趣地发现一张图,图中包含有平均价格指数每月的价格变化范围和每月的日平均成交量。如果汉密尔顿真的认为研究者不需要考虑成交量,那为什么还要在图中包含成交量呢?①

当计划写作本书时,作者就决定不背离汉密尔顿对道氏理论的解释。可是,在熟练掌握预测市场趋势的技巧中,成交量已被证实是非常具有参考价值的指标,所以有必要对所有的研究者强调,应该专心研究成交量与价格运动之间的关系。提出这样的建议,就是因为汉密尔顿在得出结论时,往往不定期但却成功地利用了市场活动和价格运动的关系。

---

① 作者出于个人研究的目的,以及为了准备出版平均价格指数图,要得到完整的35年间的日成交量数据,需要查阅《华尔街日报》每日的文档记录,这种方法在获得完整记录资料上是最终可行的。在成交量的记录数据中,除了每日的总成交量外,其他数据都能获得,像每日的平均成交量、每月交易总量等。因为出版平均价格指数图涉及日成交量,几乎每一周作者都会收到来自华尔街的统计学家或机构要求得到日成交量数据表的请求。

有一次，在接近牛市尾声的时候，汉密尔顿注意到成交量在增加，可是这些大量的市场活动并没有使价格上升，针对此番现象他做出了评论。对这种情况的运行机制，他用自己所喜欢使用的解释方式进行了恰当的说明："针对经济型轮船的最大航行能力来说，对于一个 2000 吨重的蒸汽船来讲，日消耗 100 吨煤，也许能达到 12 节的航行速度，但如果要达到 13 节的速度，一天需要消耗煤 130 吨，而要达到 15 节的速度，这样的力量可能就要消耗掉 200 吨煤……也许就像自然规律一样，当市场这艘'经济型轮船'的最大航行能力已经达到时，要想在速度上提高一点点，至少需要操作的工程师们消耗大量的燃料才能实现。"（1909 年 1 月 21 日）

数年来的平均价格指数的日间波动和成交量的关系图表，显示出在牛市或熊市中，当市场走出新高或新低时成交量总是有增加的趋势。而且成交量的增加会频繁地连续进行，直到显示将有短暂的反转运动的顶点为止。汉密尔顿辨认出了这种现象，正如他在 1908 年 7 月 21 日的文章中所做的说明："这次的运动超越了前期的高点，该现象是股票市场中牛市运动的重要表现。还可以注意到，比较现在和 5 月 18 日出现的相同价位，市场有了更广泛的参与性（即成交量更大）。"

毫无疑问，在对平均价格指数运动的解释中，汉密尔顿认识到成交量是一个很有用的因素。下面从他文章中节选的段落就证明了这个结论：

"忽略那些被认为是外界的因素，比如关税的修改和工业状况等，市场的研究者从这些记录中能看到另一个好的迹象，即伴随着市场的上升成交量是在稳步增加。这通常是一个好的指示，即股市中没有太多的股票可交易。很明显地表现出，存在超买的市场在小幅的上升中会变得沉闷，而在大幅下跌中就会变得活跃。"（1909年3月30日）这是汉密尔顿非常精确地预测牛市的一篇评论文章中的一部分。

1909年的春天，当市场经历了3个月的上升期，自然要发生次级回调，汉密尔顿在5月21日写道："在回调中，市场已经变得沉闷和更加窄幅地波动。"汉密尔顿认为回调的水平要小于2％，而且成交量显示上升运动还会重新启动。后来的实际情况正是如此。

在一轮长期的牛市接近尾声的时候，每当有小的回调发生时，都会被当成可能是熊市的开始。此时，一个令人关注的下跌发生了，此次回调中，成交量下降了约50％。汉密尔顿警告他的读者，不要在市场中卖空股票，因为成交量在回调中逐渐消失。汉密尔顿宣称："成交量的减少有各种各样的含义，华尔街中最常引用的一句老生常谈，其大意是：永远也不要在沉闷的市场中放空。此番告诫也许对的时候比错的时候多些。可是，在较长的熊市中这句话却总是错误的，在下跌趋势的运动中，市场倾向于在上升时变得沉闷，而在下跌时变得活跃。"（1909年5月21日）

一次，在牛市中创出系列新高时，汉密尔顿认为有额外的力量支撑这次运动，因为"市场在周一和周二创出了新高纪录，而巨大的成交量足以给此次运动赋予重要性"[①]。（1909年5月21日）

在1910年9月的熊市中，汉密尔顿认为市场到了熊市次级反弹的顶部转折点，而许多人却认为已经出现了牛市的开端。在当时，平均价格指数没有显出弱势，可是成交量的下降显然让汉密尔顿认为这只是个反弹，他写道："在如今的熊市中，平均价格指数快速地反弹到8月17日的价位水平，可是这次反弹或者说是上升运动，其力量在市场运动和成交量

[①] 在对30年的股市预测记录的研究中，汉密尔顿很显然是能够经常给其读者提供市场"小贴士"的人。人们可以想象汉密尔顿可能也愿意展示自己的技能，并因此使其读者获利，但是他所拥有的地位和尊严却阻止他这么做。汉密尔顿反复说过，他的报纸决不会贬低身价去和"提供内幕消息的低俗报刊"竞争。

上都在消失，我们依然是毫无希望地处于史无前例的市场萧条时期。"（1910年9月20日）

另一次，汉密尔顿解释了对于突然增加的成交量所造成的熊市中的剧烈反弹，专业人士应该如何持有怀疑态度："对于专业人士来说，如果市场在反弹前的相当长的一段时间中，处在低价位而一直保持沉寂和不活跃，那么也许他们会认为现在反弹运动的意义会更重要些。"（1910年7月29日）

在汉密尔顿下面的评论中，给出了很好的建议："看来在上升过程中，股票已经被大量地出售，可是，股市的技术走势显示，这些股票都被很好地吸收了。市场在沉寂中进行了小的回调，而在任何开始重新上升的阶段时，市场会变得活跃。任何专业人士，他们都知道，这就是买方力量强大的良好指示。"（1911年2月6日）

和场内交易员重视成交量一样，汉密尔顿写道，"几天来，至少那些积极主动的交易员们会发现，价格在下跌时，交易活跃；而在上升时，交易却显沉闷，所以他们站在了市场空头的这一边"。（1911年5月4日）

1911年，汉密尔顿明确地记录下了关于价格运动对考察市场活动的重要性，他在文中写道："在对价格运动的研究

中，市场的惰性和活跃性有同样的价值，而且常常是对未来重要变化基本特征的重要显示。"（1911年7月14日）

在一次剧烈下跌的前两天，汉密尔顿的一篇文章出现了下列言论："交易在市场回调上升的过程中趋向于停滞，而市场只有在下跌中才变得活跃，这些对于专业人士来讲，是熊市继续进行的一个相当明确的指示。"（1911年9月9日）

1921年的熊市低点分别出现在6月和8月，汉密尔顿所指出的转折点与市场出现的真正底部之间的差距仅在4个点以内。在随后的11月30日，注意到市场在下跌时变得沉寂停滞，汉密尔顿不经意地对进一步放空的做法提出警告："华尔街古老的格言之一，是'绝不要在沉寂的市场中放空'。熊市中的反弹是快速的，可是有经验的交易员会在市场反弹之后变得沉寂时，明智地再度出手放空。反过来，在牛市中情况也完全一样，交易员会在市场回调变得沉寂时买进股票。"

对平均价格指数的图表运动和日间交易的系统性研究表明，牛市的成交量要大于熊市的成交量，并且在牛市的次级回调中，当下跌之后成交量减少时，一般可以有把握地假定，市场至少是暂时处于超卖之中，最常见的结果是上升浪可能即将发生。另一方面，当熊市中发生次级反弹时，伴随着上升中活力的消失，就有理由得出结论，市场是超买了，如果在下跌时市场趋向于明显增加了活力，进一步的下跌趋势运动就将来临。

虽然就成交量本身而论，汉密尔顿从未提及成交量的极限点，但图表的研究者都能看到，次级运动重要转折点的信号标志通常是成交量的急剧增加。

作者强调成交量的重要性，当然，作者也并不认为成交量与工业和铁路平均价格指数的运动具有同等的重要性。工业和铁路平均价格指数永远被看作最具根本重要性的指标，相比而言，成交量具有次一级的意义。可是在研究价格运动时，绝不应该忽视成交量。

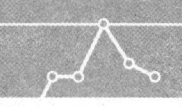

第十六章
双顶和双底

双顶和双底在预测价格运动中的价值不大。市场实践证明,假象远比正确的时候多。

汉密尔顿不止一次声明,他认为从双顶或者双底得出的推论没有多大的重要性。有趣的是,不知道是谁首先让大众认为双顶和双底这样的现象是道氏理论的组成部分,大家的这种印象毫无疑问地存在着。

每当一个市场运动接近一个前期的高点或低点时,随着双顶或双底的形成,我们肯定会读到从该现象中推论而来的大量对投机毫无用处的评论。这些评论常常是以如下类似句子开头:"根据道氏理论,如果工业平均价格指数形成了双顶",等等。每一位道氏理论的研究者都知道,单从一个平均价格指数是不能得出恰当推论的。而且,两个平均价格指数同时形成双顶或双底是极少发生的,即便同时发生了,也不过仅仅是一次巧合而已。如果把35年来的重大次级运动做个清点,就会发现只有极少数的次级运动是以双顶或双底结束的。

在平均价格指数接近前期市场高点或低点的关键时期,道氏理论的研究者不应该寻找双顶或双底作为趋势变化的线索,取而代之的更好做法,应该是牢记如果两种平均价格指数都没能冲破前期的高点,就意味着市场会走低;而如果两种平均价格指数都没能跌破前期的低点,就表示随后的市场价格会走高;而且,如果只是一种平均价格指数冲破了前期高点,或是跌破了前期的低点,而没有得到另一种平均价格指数运动的相应确认,那么,从这个运动中推导出的结论可能会是错误的。附带提一句,对照年鉴和标准统计公司(The Annalist and Standard Statistics Company, Inc.)的价格图,股票的平均价格指数显示,在其中的一套图册汇编中,一种平均价格指数偶尔会出现双顶或双底,可是同时,另一种平均价格指数却没有明显的形态出现。事实显示，汉密尔顿在1926年应用了双顶理论，得出了牛市已经结束的错误结论。事实上，当时汉密尔顿非常强烈地想证明他的观点是正确的，因此竟然以工业平均价格指数单独出现的双顶为理由。

还有值得注意的是，虽然在熊市结束时，有几次出现了双底，可是，汉密尔顿明显不认为这样的现象是"趋势转折"的重要特征。

看一下第八章中的图表，即道琼斯平均指数9个熊市的结束形态，图中揭示出：有3个熊市中只有一种平均价格指数形成了双底，另3个熊市是两种平均价格指数都出现了双底，而余下的3个则没有显示出双底的形态。

在1899年和1909年，两种平均价格指数都分别在牛市的顶部形成双顶，可是在其他的7个主要上升趋势结束时，没有出现双顶现象。然而事实上，有许多重要的次级反应运动是以双顶或双底结束的。例如，1898年秋天，在牛市中的一个大型回调，两个平均价格指数都是以双底结束，随之而来的是强力的反弹上升。另一方面，在1899年的春季和夏季，一组完美的双顶却误导了人们，因为市场很快就突破这些高点继续上升，上升的幅度之大，对那些基于双顶理论而做空的人们简直是一场灾难。在1900年初的熊市中，工业指数显示出了双顶，但没有得到铁路指数的确认，可是后来又被证实是一个重要的次级反弹的结束。在1902年的熊市中，两种平均价格指数都出现了双底，让支持双底理论的人们认为是牛市到来的迹象，可是，这些"底部"不久就被突破，并且出现了历史记录中最猛烈的暴跌。

在1906年市场的高价位处，铁路平均价格指数形成了一个完美的双顶，随后出现了严重的下跌。在1907年的春季和夏季，在一个次级反应运动中，双顶和双底都出现了，其顶部没有被突破，可是没过几个星期，底部就被一场下跌行情突破，在此次下跌过程中，工业平均价格指数的跌幅超过了30%。在1911年的春季和夏季中，两种平均价格指数都出现"双顶"，随后工业价格指数出现了很大的下跌，而铁路指数却下跌较小。在世界大战前的熊市中，两种平均价格指数都在距离市场底部12%范围内出现了双顶。见此现象就做空的交易者，其结果就是损失，而小心谨慎的交易者也许会等到已经下跌了几个点之后，再把这个双顶作为明确的信号来进行做空交易。

对于平均价格指数而言，有许多类似的表现可以进行描述，如果研究者对这个主题进行了刻苦的分析，就肯定会得出一个结论，那就是从双顶或双底理论得出的推论，与其说是有所帮助的，不如说误导的时候居多。

1930年的7月和8月，在我们最大的熊市中，两种平均价格指数都形成了完美的双底。这个阻止下跌趋势的表现被许多财经作者热切地抓住，并宣布了熊市的结束。可是不出几周的时间，主要的下跌趋势重新开始，工业平均价格指数在90天内跌幅达到了60％。还有最近的，在1931年的冬季到1932年期间，工业和铁路平均价格指数中都出现了"三重底"，可是市场还是以毫无疑问的方式在不久后重启了下跌的主要趋势。

总而言之，可以这样讲，在双顶和双底现象中，10个里有9个并不具有投机者所赋予它们的重要意义。

第十七章

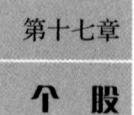

个 股

　　所有活跃的以及充分发行的美国大公司的股票，一般会与平均价格指数同步地上升和下跌。可是，对于任何一只个股，其市场表现反映的情况可能不适用于构成指数的每只股票。

　　对于研究价值的投资者，他也许能很好地了解公司的价值和盈利能力，可是，如果他不理解市场趋势，那么他将是一个失败的投机者。做出如此论断的原因，是在于好的股票，无论其内在的价值或盈利能力如何，一般都会在牛市中上升，在熊市中下跌。由于单个公司的现状不同，其公司个股上升或下降的程度与一组有代表性的证券的波动程度相比，会有或多或少的不同。

每一个股票经纪人都知道，在熊市中，有许多客户会根据自己对诸如股票的分红记录、市盈率和充足的现金流的判断，坚持购买这些优质股票。当购入股票之后，卖方持续的压力可能会使股票的报价不断下跌，股票的购买者对持股感到厌烦，从而卖出了股票。到这个时候，他已经忘记了当初购买这些股票的理由，转而把遭受的损失归咎为"熊市"。可是，他不应该指责熊市的过错，而应该指责他自己。因为如果他购买股票是基于股票本身的良好价值，真正把购入的股票当作一项投资来看待，那么，无论股票的报价如何变化都不会改变他在这些公司所拥有的股票份额。可是如果一位投资者希望有效地利用其资金的话，他就必须像理解公司的资产负债表一样了解市场趋势。

下面，有这么一位失败的投机者，他不理解也不愿意去理解什么是资产负债表。另外，他对市场趋势一窍不通，而且他十分愚昧或是非常懒惰以至于根本不学习。他买入股票的原因，是他突然发现股票的价格已经比他的某些朋友曾经告诉他的"最优买入点"还低了许多。一段时间之后，对这种投机者来说，亏损是必然的。

让我们返回到基本的论点上，当道琼斯平均价格指数正在下跌的时候，一只个股却在上扬，并且保持上升的趋势，这种情况确实是罕见的；相反的，当平均价格指数上升时，有个股下跌，这也是较少发生的。投机初学者可以把平均价格指数的每日运动与任选的十几只股票的日间价格波动相比较，就能确认上述观点的正确性。

第十八章
投 机

一个人结婚是碰运气，去参加战争是碰运气，或者花钱送他的儿子上大学也是碰运气。父亲认为儿子有能力发展并掌握良好技能以及拥有专注的能力，对此进行投机而供其上大学，正如商人为秋季的销售而大量购进大衣是对寒冷气候和顾客的购买力进行投机。我们要批评这样的冒险活动吗？不，因为在这些情况下，有智慧地进行投机活动是容许的。绝不能把拥有智慧的投机者和交易所里的害人虫相提并论，因为这些害人虫对证券业务只是粗浅地涉猎，买卖随便。在交易中随便"戏水"的人会损失资金，这几乎是一条公理；而拥有聪明才智的投机者，即便没有成功，也至少会把损失的总量控制在他可以承担的范围之内。

《巴伦周刊》曾经引用过杰西·利弗莫尔（Jesse Livermore）的话："所有的市场运动都是基于合理的原因。一个人投机成功的能力是有限度的，除非他能预测未来事件的发生。投机活动就是一种生意。它既不是猜测也不是赌博。投机是一项艰苦的工作，而且需要做大量艰苦努力的工作。"

投机既是艺术也是科学，它的道德性经常会受到质疑。可是无论对与错，投机活动对于任何文明国家的商业进程都是极其必要的。没有投机，我们横贯大陆的铁路线也就永远难以建成，我们今天也就不会拥有电、电话、无线电或飞机。绝大多数人由于购买了与无线电收音机和飞机制造业相关的股票，都有遭受损失的不愉快回忆，可是对于认购了那些公司股票的人，虽然后来半途而废了，都直接或间接地为那项工业的进步做出了贡献。

投机，即便是各种猖獗的投机，也是有用的，因为当股票的价格以惊人的速度旋转上升时，对新兴风险企业来讲更容易获取资金。通过这种方式获得资金，使得许多传统的企业也得到了发展。美国西部各州的伟大开发，在很大程度上就是这种投机活动的结果。汉密尔顿认为投机和良好的经济像是一对亲兄弟,这个思想体现在下面的摘录中:"完全是股票投机本身产生了信心,而这种信心能刺激整体经济的发展。这也正是从另一种方式来说:股票市场是一个晴雨表,它不是根据当天的消息而变动,而是根据经济世界的整体智慧所预测到的前景而动。近期对整体经济较好的预期是肯定的和值得信赖的。"(1922年5月22日)

很难界定投机和赌博的区别,因为投机需要像赌博那样冒险,正如某些形式的赌博也肯定含有投机因素一样。根据《韦氏辞典》的定义,投机就是因为期望获得丰厚的利润,利用价格的涨跌进行买进或卖出的活动;或者是为了趁机获得异常的高额收益而从事有风险的商业活动。这个定义完全适用于股市的保证金交易。这本辞典给赌博下的定义是,为获得金钱或其他好处而进行的游戏活动,或者针对某些事件的冒险行为。根据这个定义的严谨描述,若一个投机者买进100股钢铁股票,然后在高于成交价2个点处设置一个卖出单,而在低于成交价格2个点的地方设置一个止损的卖出单,这也可以被认为是在赌博。许多交易员一定认为这样的交易是一种赌博,而不是投机活动。股票市场圈子里的经纪人,在解释投机和赌博的区别时说,当一个人在赛马比赛中对一匹马押注时，他的赌注不会对他下注的赛马的速度有任何影响；可是当他在纽约股票交易所买进或卖出 100 股钢铁股票时，不管他是否认为他自己是在赌博，这 100 股的买卖肯定会影响这只股票的价格。一场精心策划的对钢铁股的突袭活动，也许就会打压钢铁股票的价格，而这样的策略就会是一次成功的投机，而非赌博。美国的法律总的来讲是准许投机而谴责赌博的。

还没有任何数学公式能给出在股票投机上一定成功的方法；也没有任何一套规则，能让交易者遵照执行后能永远在股票交易中赢利。但从另外一个方面来说，一些规则和理论肯定能为投机者提供极为珍贵的帮助，而道氏理论也许就是这其中的最佳选择。如果本书不能概括出根据道氏理论来评估市场趋势的方法，那就失去了作者成书的目的。可是，本书的读者必须要清楚地知道，对道氏理论的应用是因时、因人而异的。除非投机者能用无限的耐心和自律去实践，否则道氏理论不能阻止他的损失。任何一个交易者在应用道氏理论时，必须独立思考并始终根据自己的推论去行动，当然，也要时刻小心，不要让你的期望影响了你的判断。因为自己的结论而导致交易犯错肯定比靠猜测市场而犯错误要好得多，这样交易者就能从所犯的错误中找到为什么犯错的原因。信赖自己的能力和努力地工作，是投机成功必不可少的基础，这其中，投机成功的比例大概是20个人中只有1个人能成功。

几乎每一本关于投机方面的书都会阐述对投机成功来说至关重要的原则，所有这些一般都是经过深思熟虑的，可是，只有优秀杰出的人才能从其他人的忠告中获益。因此，尝试解释金字塔式交易法①的危险性是无用的。能赢得巨大的收益诱惑着人们尝试金字塔式交易，但只有痛苦的经验才能使他们相信这种市场操作方法拥有与生俱来的实际风险。

汉密尔顿认为，买进股票，当价格上升之后进行加仓的做法，大大优于为了降低买入的平均成本而在股票价格下跌后再补仓的做法，这个建议值得大家牢记。除非交易者认为一只股票将要上升，否则他决不应该买进这只股票。当然，也有一些人会在市场下跌的时候买入股票，放到一边作为永久性的投资，这样的股市操作也是无可非议的。

一个交易者首先必须学习的是，如果命运注定要遭受损失，他的股票买卖应该要始终限定在他可以负担的损失额度

---

① 随着股票价格上升，不断追加买进的一种投资方法。

之内。曾经有一个年轻的投机者对一位资深交易者讲，他的投机让他担心，夜里都难以入睡。这位资深交易者的忠告是："减少你的仓位，直到你能安然入睡的程度为止。"

汉密尔顿经常讲，华尔街的大多数意见极少是正确的。假设他所言是正确的，那么对于一个理解道氏理论的交易者，如果市场的运动显示做空股票是明智之举的话，即使此刻华尔街上交易者的牛市情绪高涨，他也应该毫不犹豫地去做空。许多时候，当华尔街身处牛市时，汉密尔顿会评论说，有太多人站在了积极的一边；而在另一些时候，当大众极度看空股市时，汉密尔顿会警告他的读者，有太多人处在消极的一边，而道琼斯平均价格指数告诉大家，股市也许已经处于超卖状态了。汉密尔顿似乎能够利用他所理解的道氏理论来评价股市，并且预测市场的后续行为，就像一名优秀的医生那样，当检查了病人的体温、脉搏和呼吸记录图之后，就能预计病人的恢复情况。

然而，即便是最有能力的投机者，偶尔也会遭遇一系列的事故，摧毁了周密的计划使之完全无效。很明显，没有什么系统或理论能够考虑到旧金山的大地震，也没有任何理论能将多年前的芝加哥大火灾计算在内。

统计当然是有价值的，可是它们必须永远从属于市场是靠平均价格指数反映这一观点。因为那些把自己局限在以统计作为市场指导的人，从来就没有被证实过是真正的预言家。马克·吐温好像曾经说过，"谎言有三种表现形式：说谎、该死的说谎和统计"。

任何一个人如果总是试图一直待在市场里，几乎肯定会有亏损，因为在很多时候，就连熟练的交易者也会对市场下一步的动向感到疑惑。有一条很好的市场公理说道："有疑问的时候，什么都别做。"另外，如果交易者在对市场趋势的判断上犯了严重的错误而遭受了重大损失，他就应该彻底退出市场，在场外等待，直到恢复镇静为止。

唯有场内交易员才能成功地投机于任何市场中经常发生的微小的上升和下跌运动。在市场的次级反应运动中，场内交易员比场外的交易者具有全面的优势。利用这些转折点交易是场内交易员的职责所在。场内交易员能评估市场的技术状态，感受市场情绪的细微变化，而华尔街上的交易者要过很长一段时间才能明显感知市场的这些变化。汉密尔顿常讲："从长期的观点来看，投机就像其他事情一样，专业人士交易盈利的次数要比业余人士频繁。"

无论是在纽约,还是在西部偏远地区,投机者在阅读市场报价时,有时能意识到交易所场内正在发生的对市场情绪的检验。在这个时候,人们将会注意到一些龙头股票也许会被推高,而过了一小会儿,又时常能看到这些股票受到打压。这样的测试结果,场外的交易者是难以理解的,可是对于在市场中制造这些检验的人来讲,检验结果经常会显示公众不会在股票上升时买进,或在下跌时卖出。用这样的测试手段,专业人员就能决定市场在特定的时间里是否还有上涨空间或下降空间。

交易佣金、税费、零星罚金①、买卖间的差价,这些费用构成了管理费用,使得那些沉溺于采用"快进快出"交易方式的人很难获利,但是有许多人,他们有必要的资金、勇气和谨慎,同时他们有能力对市场趋势和公司的资产负债表进行坚持不懈的研究,从而可以获得第一手信息资料,因此他们能够实际上也克服了这些交易的不利因素。② 很少有投机者肯花力气去计算不利于获取投机利润的惊人可能性是多少。

---

① 指交易股数少于 100 股的罚金。
② 1932 年投票通过了在联邦和纽约州内从股票买卖和交易上提高税收的法案,极大地增加了交易者们在税收上面临的不利条件。

唯一可能战胜这些不利因素的方法是理解市场趋势和股票价值，同时听从汉密尔顿的忠告：投机者应该学会快速止损和让盈利跑掉。汉密尔顿认为，骄傲且固执己见比起其他任何一个因素来讲，更有可能造成投资损失。

回溯到1901年，道氏在撰写一篇讨论投机的文章时曾评论：对于想投身于股票交易的人来讲，无论其资本大小，从长期来看，尝试获得12％的年均资本收益要比尝试获得50％的每周收益的结果好很多。每个人都知道这一点适用于私人企业，可是，一个精明人能够谨慎地经营店铺、开设工厂或者经营房地产，却认为在股市中交易股票应该使用完全不同的方法。事实远非如此。

没有人能对这样一个明显的事实给出令人满意的解释，那就是为什么有许多成功的商人、制造者或者酒店的经营者，会把他们经年的财富所得冒险地投入股票投机——这一项对于他们来讲一窍不通的生意上。虽然这些人在拓展自己的生意时，在没有详细讨论各种可能出现的投资回报结果之前，是绝不会进行任何一点风险性投资的，但他们却几乎一致认定股票交易不需要什么知识或学习研究。即使他们与一些咨询服务机构签署了服务协议，他们还是常常根据交易所里的内部消息和小道消息进行交易。假设他们对经营咨询服务机构人员的能力及过去多年中其市场预测的准确率进行了彻底的调查之后，还能根据咨询服务机构的建议交易股票，那真是一个例外。事实很明显，如果这些咨询服务机构所提供的建议会像他们经常讲的那样准确，那么这些经营咨询服务机构的人更应该把他们的大量投资直接投入市场交易中去。

对待同样的风险和资金投入，那些"破产"的投机者通常没有像对待自己的生意那样花费足够的时间来学习投机这门学问。这些人很少承认是自己的无知导致了这些亏损。他们更愿意把损失归咎于"华尔街"和"熊市"中有某种神秘方式的欺骗，从而导致他们损失了金钱。他们却没有认识到，成功的投机比任何其他专业都更需要勤奋、智慧、耐心和精神自律。

如果能清楚地了解专业人士实际上所能获得的收益结果，业余投机者也许会少损失些资金。一个不算荒唐的想法是，一个场内交易员以100万美元为投机资金，在经过了若干年后，他会满足于每年20%的增值收益。是否真有这么多人能做得这么好，这是个疑问。可是，一个以2500美元进行交易的人，就不会满意于20%的增值速度了。他冒险地投入一个他一无所知的游戏,却满怀信心地希望自己获得比 20％更高的收益率。几个投机高手——他们已经在华尔街上积累了巨大财富——认为在几年内,比较合理的平均年增值率是 12％。按照 12％的复利增值,资金在 6 年的时间之内就会接近翻倍。但是,对于肤浅的市场投机者来说,经过一段很长的时间也难以指望获得这样的收益。

第十九章
股市哲学

汉密尔顿有个诀窍，他能根据多年来积累的对华尔街交易者习性的观察，用精辟的评论和包含了市场智慧的只言片语，调和枯燥的技术分析。汉密尔顿在这方面的评论与道氏理论的关系不大，或者根本没有联系，可是任何人一旦回顾他的这些论述，都不得不对他在市场上的深入观察印象深刻。也许，汉密尔顿是在费尽全力让读者理解明白一些他认为对读者非常有用的东西；在其他一些场合，他对某些编辑所写的有关财经方面论述欠妥的文章，会隐晦地表示嘲笑。偶尔，读者们寄给他的一些愚蠢来信会激发他用人们所熟悉的比喻来回复。无论如何，下面这些从汉密尔顿的评论中随机挑选出来的文摘具有典型意义，极具阅读价值。

在一次熊市中，一些编辑将一个本来是典型的次级反弹运动称作牛市开始的第一阶段。汉密尔顿不同意这样的说法，他写道："一燕不成夏，仅一次的反弹……并不能成就牛市。"（1908年7月8日）

还有一次，一些提供内幕消息的服务机构在牛市的最后阶段预计还会有大的行情到来，《华尔街日报》的读者受到他的警告："树不会长到天上去。"（1908年12月23日）

"当听说某些著名的机构成了股市借贷群体中借出股票[①]的大户时，这非常有意思也让人深受启发。因为这也许意味着市场对卖空的兴趣。可是，这绝不意味着那些借入股票的人们是因为他们如果想要选择某股票卖出时却没有（该股票）去交易。确实，如果他们要想卖出更多的同一类股票，就会想法制造一个脆弱的空头账户的迹象而从中获利。经验丰富的华尔街交易高手们对这样的市场指征保持着怀疑的态度。"（1921年8月25日）这是汉密尔顿因为一些作者根据一则赫赫有名的做空广告而自信满满地预测市场会上升时所作出的

---

① 即国内证券公司提供的融券业务。

一次评论。这段话里包含了完美的市场逻辑。

当股市距离1921年的低点不足3个点位时，汉密尔顿说道："大量的明智箴言和现代的事例说明，投资者很少在市场的底部买入，也极少甚至从不在市场顶部卖出。廉价的股票从来就没有吸引力。这不是一个悖论而是基于市场的事实记录。如果廉价的股票具有吸引力，那么今天的市场就应该是活跃的，有对市场感兴趣甚至是兴奋的公众……现在没有足够的……交易者在市场中。"（1921年3月30日）

当讨论一个认为自己是根据公司价值和营收能力而买进股票的投资者的思想态度时，汉密尔顿写道："他也许有钱买进股票，可是心里却总是惦记这只股票，他认为自己必须在每天早上都要看一下股票的价格。"当他看到他的股票下跌了几个点时，"他就说他要出票止损并且牢记这个失败的教训。他对教训的理解完全错了，他正在忘记的不是他的损失，而是自己买进这只股票的理由"。（1921年3月30日）

有些优质股票似乎时常出现下跌，而根据个股公司的收益和价值，出现这样的下跌是反常的。汉密尔顿对该现象做出了如下解释，值得牢记，"在股市中，当重仓投资者进行套现活动而造成市场不稳定时……有一点很容易忘记，那就是往往优质股比垃圾股更脆弱。优质股是真正有市场的，而对于垃圾股市场却是有价无市……必须偿还贷款的人们会用那些能够以一定价格卖出的股票进行套现，因为他们所持有的其他物品①，无论以什么样的价格都无法脱手"。（1921年3月30日）当然，这个评论说的是股票交易的大户，他们为了保证其正常还款，而变现了大量优质股。当然，他们可以去叫卖手中那些"不值钱的股票"，可是这样的做法在一个冷清的市场中是办不到的。

在批评自己的工作和为道氏理论辩护时，汉密尔顿写道："研究价格运动……所犯的错误绝大部分是由于脱离了道氏理论这一合理和科学的规则而造成的。"（1919年8月8日）

汉密尔顿在评论文章中经常鼓励他的读者在剧烈的次级反应运动已经发生后买进股票。一次，他写道："……最糟的情况……这次的回调还没有超出法语中所谓的'reculer pour mieux sauter'（后退是为了更好地向前跳跃）的限度。"（1911年7月14日）汉密尔顿在评估次级反应运动上有一种罕见的能力，对于相信他这方面能力的人而言，如果这句口头禅反

---

① 主要指垃圾股。

复出现的话，那就是他认定牛市即将来临。

1924至1929年期间，汉密尔顿曾多次对扩张性的投机和投资活动发表评论。他注意到股票的发行范围一年比一年广泛，不仅每个行业的龙头公司中的股东人数在增加，而且整个国家的人们都在参与投机活动，而在以前这些活动大部分都局限在少数几个重要的金融中心。汉密尔顿即使不是唯一也是为数不多的少数几个人，预计到这个新的因素可能会导致一段时期的灾难性变现。下面的文摘中对投资者的警告写于1925年，同样的思想在这一年至1929年股市崩盘时汉密尔顿曾多次表达："股市的技术形态应该一直牢记在脑中……若有什么意外的事情发生从而冲击公众信心，将会导致来自全国大量的股票卖出，例如像华尔街上的机构也不能像以前那样准确地计算出股票卖出的数量，因为以前的持股仓位大多数在纽约。"（1925年3月9日）那些在1929年股市达到顶点后的灾难性变现中非常不幸被套牢的人们，会意识到这个预言所蕴含的智慧。

喜欢给《华尔街日报》的编辑写长信的读者会提出一些从他们自身的投机分析体系中得出的自认为是毫无疑问的结论。对于这些来信，汉密尔顿以编辑的身份进行回复道："有一句话,经常说也不算过分,那就是:毁灭之路来自对图表、系统和概论的教条化。"(1909年3月17日)图表对道氏理论的使用者是必需的,就如同分类账对于银行一样必不可少。可是,道氏理论的研究者必须要克制自己,以避免教条化或过分细致的解释。我们都知道市场很少会表现得精确如预期那样。这使得汉密尔顿宣称,"如果市场完全精确按照预测所运行的话,就是一件很诡异的事情"。(1906年5月19日)

曾经,在一轮牛市的兴奋阶段中,四处都弥漫着鼓吹的繁荣气息,汉密尔顿如此警告他的读者们:"根据大家的说法,我们在未来的6个月内会有一个大牛市,公众会把股票推向顶峰。目前为止,明智地派发出去的诱饵还没有吸引来大批量的鱼。"(1909年12月20日)有趣的是,这段话是写在当时牛市达到顶点前仅仅几天的时间。他很清楚地看出了那些鱼(容易上当受骗的人)已经吞入了一些超过他们能够消化的诱饵。

另一次,汉密尔顿写道:"……股票市场的长期经验表明,最佳买入时机之一就是完美出色的伪装。相同的,臭名昭著的'内幕交易'更表现出牛市的迹象。那些有大量股票要卖出的人,通常不会由铜管乐队伴随着行进。"(1923年1

月 16 日）这是针对市场新闻的欺骗性而给我们的一种警告。如果在艰苦的 1930 至 1931 年之间汉密尔顿还活着，他也许就会警告我们不要去吞食那些市场上大量提供的"鱼饵"了。毫无疑问，实力强大的大机构肯定要尽一切努力将股价抬高，然后再卖出手中持有的股票。

1923 年 4 月 27 日，汉密尔顿没想到"……我们被要求倾听的那些学院派经济学……"会破坏道氏理论的应用。

"……道琼斯平均价格指数……有着不与其他预言家交流的意愿，它们不总是在说话。"（1925 年 12 月 17 日）这是给那些收取高额费用的咨询服务机构的一条宝贵建议。

"每一个华尔街的交易者都知道，对于已经站在市场正确方的交易者，在 100 点的上升过程中，如果不迅速获利变现离场，而是根据他的账户浮动利润继续增加买入股票，如此一来，无须大的价格下跌，就会让他处于比他开始入场时还糟糕的地位。我们会发现这类人通常在市场顶部进行着金字塔式的交易，结果只需价格相对较小的下跌，就会把他一扫而空。"（1928 年 12 月 12 日）

"在华尔街上常见的事情是牛市时期没有消息；事实上，如果公开报道了某只股票上涨的原因，那么也就很快意味着

这只股票上涨的终结。"(1912年4月1日)

在一轮熊市过程中,当华尔街被政治家们所批评时,被激怒的汉密尔顿写道:"看在上帝的份上,我们难道不能开创一种真正的美式主义,允许我们自己打自己的鼻子吗?在股市的历史中,纽约股市几乎没有一次在其他人之前就意识到了危险,并相应安全地自行进行了清算。"(1924年11月12日)

汉密尔顿在《股市晴雨表》中写道:"可能有不胜枚举的例子来说明,在华尔街上亏损的人们是因为他们正确得为时过早了。"

"正常的市场是从来就不存在的。"(1911年5月4日)

"现今,每一个人都在投机,根据多年的经验,大众的个人判断肯定是没法和某些(精英)人士的判断相媲美的。"(1928年12月8日)

就在1929年牛市结束的前夕,汉密尔顿写出了这些中肯的评论段落:"对于那些活跃于股票市场,按通常金字塔方式投机的人们,大多数人都有不能被疏忽或可以最小化的个人事务。"(1928年12月8日)

《华尔街日报》明智地避免给出股市的年度预测这种许多

报纸所热衷的习惯行为。在对这种做法进行评论时,汉密尔顿说:"作为一条法则,回顾总比预测好。还有一周的时间才到新的一年,年度预测就已经被人们忘记了。"(1929年1月1日)

在1922年的5月期间,四处弥漫着熊市的气息,公众被告知庄家在出货了,因为股票上涨得太快,等等。《华尔街日报》从来没有参与这样的行为,为了保护它的读者,汉密尔顿发出了这样的警告:"……人们都认为股票市场的庄家……通常不会在铜管乐队的伴奏下高调卖出他们的股票。"(1922年5月22日)有趣的是,股市随后快速上升了大约5个月,其间竟没有一次大的回调。

"一个人出于投机的目的选错了股票买入,或者更少见一些的情况,选对了股票但买进的时机却是错的,肯定会为其不周全的判断而指责其他人。他根本没有把股票市场当作国民经济的晴雨表。他认为通过先阅读这个晴雨表,然后再了解国家经济,或者根本不用了解这些,都能赚到钱。恐怕说服他把研究过程的顺序颠倒一下是一件毫无希望的工作。最近这一点已经被发生在韦尔兹利山的实例所证明:要同时做两件事会导致无法摆脱的混乱。"(1923年7月30日)

"投机者……除了在最为异常的情况下,不能指望任何股票会背离股票市场的当前趋势反而上升盈利。"

关于对投机活动的道德性评论,汉密尔顿给出了他的观点:"……我丝毫不认为投机活动存在任何道德问题,因为投机不会发展成赌博而影响他人的金钱。"

很明显汉密尔顿厌倦了那些要求更频繁给出市场建议的读者来信,他很长一段时间不再给出市场建议,并给出了如下原因:"我们不愿意与巴布森先生竞争,也不愿与那些还没有太被神化的少数预言家竞争。因为在《华尔街日报》上对价格运动的讨论被当成了股票交易的小窍门,所以我就放弃了。"

了解有多少汉密尔顿的读者是根据他在临终前几周所写的市场预测进行行动的,将会是一件有趣的事情。1929 年 10 月 26 日,汉密尔顿写道:"到现在为止,考虑到道琼斯平均价格指数这个晴雨表的指示,从上周三(10 月 23 日)开始就已经明显显示,股市的主要运动已经转向下跌了。"这段话,是对汉密尔顿极其出色的职业生涯所作的十分恰当的墓志铭,因为必须要记住的一点是,当时绝大多数的股市预言家们依旧还是满脑子"股市新时代"的信念。

图书在版编目（CIP）数据

道氏理论：股市技术分析的基础 /（美）罗伯特·雷亚著；江海，王荻译. —成都：四川人民出版社，2019.3（2022.6重印）
ISBN 978-7-220-11239-3

Ⅰ.①道… Ⅱ.①查… ②江… ③王… Ⅲ.①股票投资—研究 Ⅳ.①F830.91

中国版本图书馆 CIP 数据核字（2019）第 031864 号

DAOSHI LILUN：GUSHI JISHU FENXI DE JICHU
道氏理论：股市技术分析的基础

（美）罗伯特·雷亚 著
江 海 王 荻 译

责任编辑	何佳佳
封面设计	李其飞　张群英
版式设计	戴雨虹
责任校对	梁　明
责任印制	祝　健
出版发行	四川人民出版社（成都三色路238号）
网　　址	http://www.scpph.com
E-mail	scrmcbs@sina.com
新浪微博	@四川人民出版社
微信公众号	四川人民出版社
发行部业务电话	(028) 86361653　86361656
防盗版举报电话	(028) 86361661
照　　排	四川胜翔数码印务设计有限公司
印　　刷	成都东江印务有限公司
成品尺寸	147mm×210mm
印　　张	6.125
字　　数	95千
版　　次	2019年4月第1版
印　　次	2022年6月第4次印刷
书　　号	ISBN 978-7-220-11239-3
定　　价	48.00元

■版权所有·侵权必究

本书若出现印装质量问题，请与我社发行部联系调换
电话：(028) 86361656

我社已出版股票书目

江氏操盘实战金典（之一）：买在起涨/江海　著

江氏操盘实战金典（之二）：涨停聚金/江海　著

江氏操盘实战金典（之三）：趋势为王/江海　著

江氏操盘实战金典（之四）：庄散博弈/江海　著

江氏操盘实战金典（之五）：黑马在线/江海　著

江氏操盘实战金典（之六）：价值爆点/江海　著

涨停板战法系列（之一）：狙击涨停板/张华　著

涨停板战法系列（之二）：猎取主升浪/张华　著

涨停板战法系列（之三）：借刀斩牛股之酒田战法解析/张华　著

涨停板战法系列（之四）：借刀斩牛股之79种经典实例/张华　著

涨停板战法系列（之五）：主升浪之快马加鞭/张华　著

135战法系列（之二）：胜者为王/宁俊明　著

135战法系列（之三）：巅峰对决/宁俊明　著

135战法系列（之四）：下一个百万富翁/宁俊明　著

135战法系列（之五）：实战大典/宁俊明　著

135战法系列（之六）：过关斩将/宁俊明　著

135战法系列（之七）：与庄神通/宁俊明　著

135战法系列（之八）：资金布局/宁俊明　著

盘口语言解密与实战/毕全红　著

新盘口语言解密与实战/毕全红　著

短线是银（之一）：短线高手的操盘技巧/唐能通　著

短线是银（之二）：短线高手实战股谱/唐能通　著

短线是银（之三）：短线高手制胜的54张王牌/唐能通　著

短线是银（之四）：十万到百万/唐能通　著

短线是银（之五）：头部不再套/唐能通　著

短线是银（之六）：炒股实战真功夫/唐能通　著

短线是银（之七）：挑战炒股极限/唐能通　著

短线是银（之八）：跟我练/唐能通　著

股市天经（之一）：量柱擒涨停/黑马王子　著

股市天经（之二）：量线擒涨停/黑马王子　著

伏击股市系列（之一）：超级大布局/帅龙　著

伏击股市系列（之二）：上涨伏击战/帅龙　著

伏击股市系列（之三）：第二次启动/帅龙　著

伏击股市系列（之四）：庄散心理战/帅龙　著

伏击股市系列（之五）：网罗大行情（上）/帅龙　著